82700

Lleve a su vida el amor, la salud y la armonía
con el poder de la magia natural

LUCY SUMMERS

EDAF
MADRID - MÉXICO - BUENOS AIRES - SAN JUAN

Título original: THE BOOK OF WICCA
© De la traducción: FERMÍN NAVASCUÉS

Editor: Michelle Pickering
Editor artístico: Sally Bond
Asistente director artístico: Penny Cobb
Diseñador: Heather Blagden
Fotógrafo: Michael Wicks
Ilustrador: Judy Stevens
Búsqueda de imágenes: Image Select International
Índices de imágenes: Dorothy Frame

Director de arte: Moira Clinch
Publicidad: Piers Spence

Editorial Edaf, S. A. Jorge Juan, 30
28001 Madrid
http://www.edaf.net
edaf@edaf.net

Edaf y Morales, S. A. Oriente, 180, n.º 279
Colonia Moctezuma, 2da. Sec. 15530 México, D.F.
http://www.edaf-y-morales.com.mx
edaf@edaf-y-morales.com.mx

Edaf del Plata, S. A. Lavalle, 1646, 7.º, oficina 21
1048 Buenos Aires, Argentina
edafal1@interar.com.ar

Edaf Antillas, Inc. Avda. J. T. Piñero, 1594. Caparra Terrace
San Juan, P. Rico (00921-1413)
forza@aqui.net

Octubre 2002

ISBN: 84-414-1200-6

Printed in China / Impreso en China

ADVERTENCIA

El trabajo con velas e incienso ardiendo puede ser peligroso. La autora, el editor y el propietario del copyright no asumen responsabilidad alguna por cualquier daño y siniestro causado o producido durante la celebración de cualesquiera de los ritos y hechizos expuestos en este libro. Compruebe que todas las velas que adquiera no tengan pabilos de plomo.

NOTA DE LA AUTORA

Las palabras que se reciten en los rituales de este libro son las de mi propio *Libro de sombras*, que siguen la tradición gardneriana y alexandriana. Encontrarán palabras diferentes en distintos libros y tradiciones, pero en su esencia son iguales. Del mismo modo, el orden en el que se hace la magia en el círculo puede cambiar, excepto a la hora de trazarlo, invocar a los elementos y cerrarlo. Es perfectamente admisible adaptar el contenido y orden de los restantes pasos para adaptarlos a sus necesidades.

Contenidos

Introducción

La wicca, la antigua religión de la brujería, se ha hecho extremadamente popular en los últimos años a causa del deseo de la gente de crear un vínculo con el mundo natural. Muchas personas han encontrado que el individualismo y la alegre naturaleza de la wicca pueden ayudarle a llenar el vacío que la vida moderna nos trae; ella nos acerca a la naturaleza, a los demás y a nosotros mismos.

Arriba. Elizabeth Sawyer fue ejecutada por bruja en Inglaterra en 1621. Aunque la hechicería fue gravemente condenada por las autoridades religiosas durante siglos, en la actualidad ha aumentado su popularidad una vez más y se conoce como wicca y brujería.

La inexorable marcha del progreso del pasado siglo nos ha separado de los ritmos y ciclos de la naturaleza; el camino wiccano de la vida busca corregir este desequilibrio, celebrando las estaciones del año, trabajando con la naturaleza y redescubriendo los ritos de paso dentro de nuestras vidas. De carácter formativo, no dogmática y fortalecedora, la wicca puede proporcionar un modo de vida alternativo que nos permita crecer como personas, así como mantener un respeto a la tierra en la que vivimos.

La brujería es una religión tradicional de la naturaleza y está íntimamente ligada con el paganismo de nuestros antepasados. Mucha gente cree que la brujería es algo del pasado, pero de hecho nunca ha dejado de existir. El cristianismo pudo haber suprimido la brujería, pero falló en su eliminación. Sin embargo, no fue hasta la abolición en 1951 de la Ley sobre Brujería en Inglaterra, cómo la brujería cobró fama una vez más. Gerald B. Gardner fue uno de los primeros brujos en proclamar sus creencias públicamente, escribiendo un *Libro de sombras*, en el que detallaba los rituales y hechizos wiccanos que

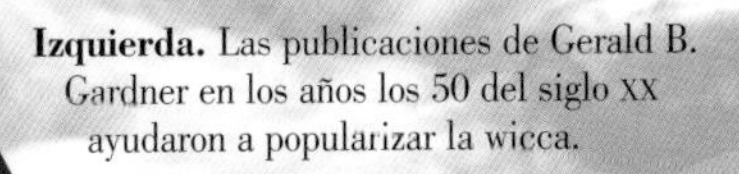

Izquierda. Las publicaciones de Gerald B. Gardner en los años los 50 del siglo XX ayudaron a popularizar la wicca.

despertaron un gran interés. En veinte años, el número de personas atraídas por la brujería ha crecido enormemente y se ha popularizado por todo el mundo, encontrando una sólida base en los Estados Unidos de América y en Australia, y resurgiendo en Alemania, Francia y los países bálticos. Maxine y Alex Sanders se han convertido en exponentes destacados, iniciando la tradición conocida como *wicca alexandriana,* aunque de hecho difiera poco de la *gardneriana.* Durante estos años se han establecido muchas otras tradiciones diferentes, como la *wicca dianica,* la *wicca Seax,* la *wicca celta* y la *tradición Kingstone.* Algunas están basadas en principios similares a la wicca *gardneriana* o *alexandriana,* mientras que las demás se han desarrollado por sendas diferentes. Debido a su naturaleza no dogmática e individualista, la wicca o brujería es en la actualidad una mezcla de distintos modos de trabajo, que a menudo varían de congregación en congregación y de persona en persona. Este libro es una guía de sus principios generales.

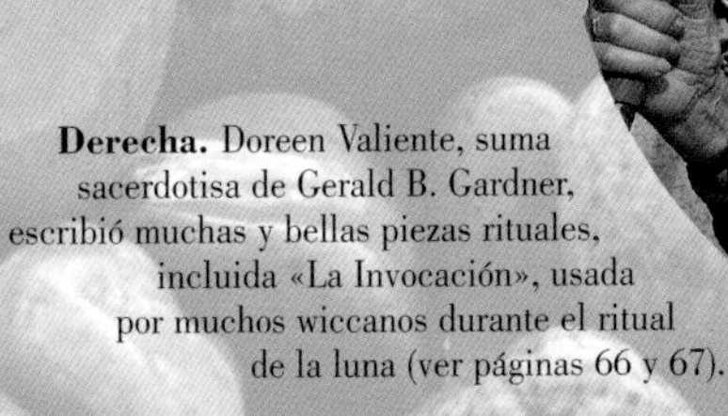

Derecha. Doreen Valiente, suma sacerdotisa de Gerald B. Gardner, escribió muchas y bellas piezas rituales, incluida «La Invocación», usada por muchos wiccanos durante el ritual de la luna (ver páginas 66 y 67).

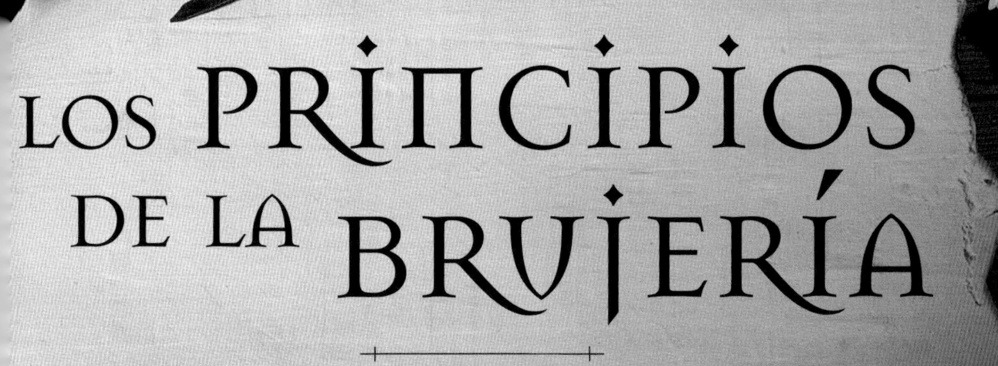

LOS PRINCIPIOS DE LA BRUJERÍA

Puede que la brujería sea una religión muy individualista, pero existen ciertos aspectos que permanecen constantes. Todos los practicantes de la brujería respetan la naturaleza, tanto la animada como la inanimada. Buscan el vínculo con las fuerzas creadoras divinas, en sus formas de la Diosa y el Dios, y creen en una moralidad positiva que enfatiza la responsabilidad de las propias acciones y el desarrollo personal.

PREGUNTAS Y RESPUESTAS

Aquí esbozamos a grandes líneas los principios básicos de la wicca en forma de respuestas a las preguntas más frecuentes, hechas tanto por los interesados en abrazar el modo de vida wiccano como por aquellos temerosos de lo desconocido.

¿QUÉ SIGNIFICA LA PALABRA «WICCA»?

Wicca viene de la palabra del inglés antiguo «witch» («bruja» en castellano), emparentada con «wicken» del alto alemán antiguo, y que significa «conjurar». También lo está con «vicka» del sueco, que significa «mover de aquí para allá», y con el término islandés «vitki» del verbo «saber». La palabra refleja la naturaleza mágica de la religión de la wicca.

¿QUÉ PRACTICAN LOS WICCANOS?

Los profesos de la wicca mantienen un vínculo íntimo con la naturaleza y los cambios estacionales del año, en los que celebran fiestas para señalar ciertas fechas del calendario agrícola como la primavera y la cosecha. Hay ocho festividades estacionales al año, que se conocen como *sabbats*. También celebran ritos otras fechas, por lo general, durante la luna llena. A estas se les llama *esbats* y se pueden celebrar simplemente para conmemorar la luna llena u otras fiestas como los esponsales (el término usado para el matrimonio wiccano). Algunos *sabbats* y *esbats* son simples celebraciones, mientras que otros tienen propósitos mágicos o curativos. Los rituales wiccanos se celebran dentro de los sagrados confines de un círculo mágico.

El símbolo del yin y el yang.

¿En qué creen los wiccanos?

Los wiccanos creen en una fuerza o energía que fluye a través de la vida y conecta con todo. Reverencian a esta energía en las formas del Dios y de la Diosa, los aspectos masculino y femenino de la creación. Estos representan una parte importante de la vida de un brujo, y se les adora de formas diferentes y bajo nombres distintos, simbolizando cada uno de ellos un aspecto femenino y masculino de la divinidad. Se pueden encontrar en cualquier parte del mundo natural, en los árboles, las plantas, los ríos, los manantiales, las rocas, las estrellas, el Sol y la Luna, así como dentro de nosotros mismos.

A diferencia de muchas de las religiones ortodoxas de hoy en día, la Diosa está al mismo nivel que su contraparte masculina, y dentro de la brujería, las mujeres son más que respetadas y reverenciadas como sacerdotisas y portadoras de la vida. El Dios y la Diosa pueden ser contemplados como las dos mitades complementarias de un todo, cada una con sus diferentes atributos y poderes que encajan a la perfección para representar el todo de la vida y la naturaleza. En esencia, es similar a la creencia taoísta del yin y el yang, los aspectos complementarios pero opuestos del «aliento vital» que ellos llaman *chi*.

Arriba. La brujería es una senda espiritual cuyo principal objetivo es alcanzar la armonía con el mundo natural y lograr, por tanto, una vida más equilibrada y fructífera. Para conseguirlo, los wiccanos celebran ocho fiestas principales al año, que señalan los ritmos estacionales de la naturaleza.

Página anterior abajo. Los wiccanos reverencian al Dios y a la Diosa, a quienes consideran bajo los dos aspectos de una fuerza vital universal, similar al yin y el yang de la energía chi en el taoísmo.

LA DIOSA

Derecha. A menudo, los wiccanos adoran a la Diosa bajo el aspecto de Diana, señora de la luna y de la caza.

La Diosa tiene una miríada de nombres y caras, y vive en cualquier rincón del mundo. Habitualmente se representa en las tres fases de su vida: doncella, madre y anciana. Como doncella simboliza la inocencia, la pureza y todas las esperanzas por cumplir. Los romanos la veneraban con el nombre de Diana, los griegos con el de Artemisa. Como madre aparece durante la luna llena, con un niño en el vientre, salvaguarda del hogar de su pueblo. Los egipcios la adoraban con el nombre de Isis, y los griegos con el de Deméter. Bajo el aspecto de anciana comprende todo lo relativo a la sabiduría. Es la maga por excelencia, la cara oscura de la Luna y no siempre es benigna. De todos los aspectos de la Diosa, es la anciana la que camina más cerca de la muerte y el renacimiento. Adorada por los griegos con el nombre de Hécate, es ella la que conoce los otros mundos.

La Diosa también lleva otras máscaras, incluidas las del guerrero, el viajero y la amante. Está en todas las mujeres y todas ellas están en la Diosa. Comprende todas las alegrías y las tristezas, todos los esfuerzos y triunfos de la condición femenina, e ilumina a todas aquellas que en la oscuridad buscan saber que no son en forma alguna inferiores a nadie sobre la tierra.

EL DIOS

El Dios es representado habitualmente tanto como el amante o el hijo de la Diosa. Sus atributos son la fuerza, la justicia, la protección y la custodia del mundo salvaje. Permanece como centinela en la puerta entre la vida y la muerte. La mayoría de los brujos ven al Dios como el Pan griego o el Herne britano, ambos señores de la caza, luminosos y con cuernos. Los primeros cristianos demonizaron la imagen de Pan, tomando prestados para su diablo Satán los cuernos y las pezuñas hendidas. De hecho, en la Biblia jamás se describe a Satán con dicho aspecto.

En algunas tradiciones wiccanas, la cosecha es la época en la que el Dios muere con el fin de fertilizar a la Diosa. Luego él renace durante el solsticio de invierno cuando el sol hace lo mismo. Otras tradiciones consideran al invierno el tiempo del Dios y al verano el de la Diosa, mientras que otras entienden todo el año como un baile continuo entre las dos deidades.

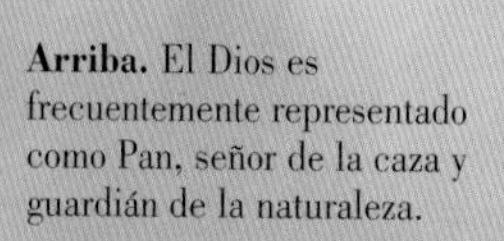

Arriba. El Dios es frecuentemente representado como Pan, señor de la caza y guardián de la naturaleza.

¿Qué diferencia hay entre wiccanos y brujos?

Como comprobará a lo largo de este libro, no existe ninguna diferencia entre los dos términos, pues ambos se usan como sinónimos. Con algunas excepciones, la mayoría de iniciados en la wicca también se refieren a ellos mismos y orgullosamente como brujos. Los reticentes son aquellos habitualmente preocupados por las connotaciones negativas que la palabra brujería todavía acarrea para ser aceptada en la edad moderna. Los cuentos de hadas tienen un montón de respuestas para esto.

¿Lanzan hechizos los wiccanos?

Los wiccanos usan los hechizos para curar y ayudar, pero poseen una ética que les impide hacer daño. La mayoría de los wiccanos ya ven suficiente magia en su vida diaria (el nacimiento de un bebé, la eclosión de las yemas de los árboles, una hermosa puesta de sol), que no necesitan utilizar los hechizos para hacerse más atractivos, ricos, poderosos y demás. De alguna manera, ser consciente de tener el

poder de lanzar hechizos hace menos probable que uno los utilice. Todo esto forma parte de lo mágico.

Los wiccanos también practican muchas otras artes adivinatorias como el tarot, tirar las piedras de las runas, escrutar en bolas de cristal y espejos, y lo hacen frecuentemente, pero no para ver el futuro, sino para ayudarse a la hora de aconsejar a quien venga a pedirles ayuda. Así, la mayoría de los brujos desarrollan un sentido para una suerte de psicología no profesional. Saber cómo funciona la mente humana es, para él, una puerta que conduce a una magia curativa muy poderosa.

¿HAY BRUJOS BLANCOS Y NEGROS?

La mayoría de los brujos prefieren no ser etiquetados como blancos o negros. Ser un wiccano significa aceptar la ética de la wicca y respetar toda la naturaleza; si se hace algo que pueda ser dañino, esto es, referido al lado «negro», no tiene nada que ver con la wicca. Las etiquetas brujo blanco y brujo negro no tienen sentido alguno, desde el momento en que toda la magia de la brujería debería tener como propósito hacer el bien. Sin embargo, todas las creencias, incluida la wicca, tienen sus practicantes dudosos.

¿QUÉ ES UNA CONGREGACIÓN?

Una congregación es un grupo de brujos que se reúnen regularmente en las fechas rituales. El número tradicional es de trece, mitad hombres mitad mujeres, aproximadamente. En realidad, la mayoría de las congregaciones son más pequeñas, y los sexos no están igualmente representados. La congregación está dirigida por una suma sacerdotisa y un sumo sacerdote, asistidos por una doncella de la congregación (por lo general, una joven soltera con un par de años de experiencia en el ritual). En algunas tradiciones, la congregación carece de jerarquías y los diferentes miembros adoptan el papel de sacerdote, sacerdotisa y doncella cada mes. Para formar parte de una congregación se requiere habitualmente algún tipo de iniciación previa.

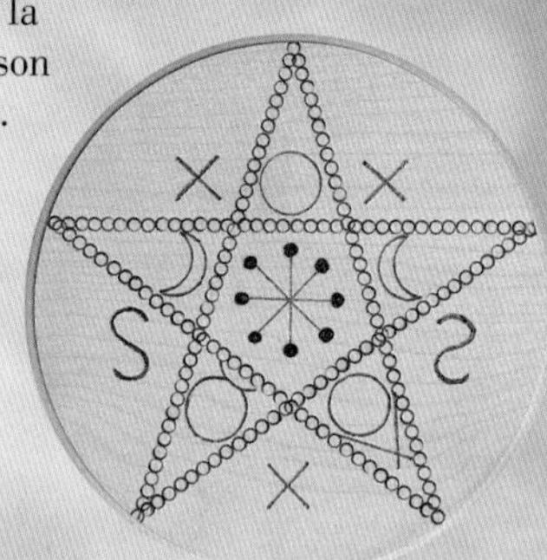

Arriba. El pentáculo de cinco puntas es el símbolo principal de la brujería.

Abajo. Tradicionalmente hay trece brujos en cada congregación, pero en realidad suelen ser menos.

Arriba. Un solitario es un brujo o una bruja que practica la wicca a solas. Bien puede ser por elección personal, bien por no tener una congregación cercana a la que unirse.

¿Qué es un solitario?

Un solitario es un wiccano que elige o que quizá, por no tener la oportunidad, decide trabajar a solas. Hay muchos solitarios y todos tienen su propio camino. Algunos wiccanos sostienen que el trabajo en común o en la congregación es mejor, pues obtienen más conocimientos, y por que también es más difícil dejarse engañar por la propia imaginación y el ego; además, algunos creen que es más seguro. A pesar de que todo lo anterior pueda ser cierto, no lo es necesariamente todo el tiempo. No todas las congregaciones tienen superiores que estén bien formados en las artes de la brujería y de la magia, y algunas de ellas están llenas de gente con sus propios egos y engaños. De vez en cuando, también las congregaciones pueden enfangarse con las políticas del grupo, sean internas o externas, lo que puede ser una distracción frustrante.

Los solitarios, por otro lado, pueden desarrollar su propio camino, y a menudo el aprendizaje puede ser más profundo. Los mayores problemas que acarrea seguir la senda en solitario es la soledad. Muchos wiccanos que trabajan de este modo se lamentan de no tener a nadie a quien hacer preguntas cuando están inseguros sobre algo, además de no poder hablar con nadie de sus creencias.

¿CÓMO CONVERTIRSE EN UN WICCANO?

Habitualmente se celebra un rito de iniciación. Esta iniciación es el umbral que el espíritu tiene que cruzar antes de poder alcanzar un nuevo nivel en su camino del aprendizaje. Los rituales de iniciación celebrados en las congregaciones cumplen un doble propósito: anudar juntos a los miembros de la congregación y modificar el marco mental del iniciado para que él o ella puedan ascender a otro estado de desarrollo. A menudo, hay más de una iniciación, aunque se extienden en el tiempo, y representan los diferentes niveles alcanzados por el iniciado. Por ejemplo, en la wicca *alexandriana* y *gardneriana* existen tres niveles de iniciación: en el primero uno se convierte en sacerdote o sacerdotisa y brujo; en el segundo se asciende al grado de sumo sacerdote o suma sacerdotisa, con derecho a iniciar a otros y a dirigir las ceremonias, y en el

tercero se obtiene el derecho a dirigir su propia congregación independientemente.

Por supuesto, la mayoría de las congregaciones no iniciarán a nuevo miembro en el primer grado sin cierto periodo de aprendizaje. Habitualmente se hace a través de una etapa de estudio en el círculo exterior que existe y rodea al círculo mágico dentro del cual los iniciados celebran sus rituales.

Los solitarios tal vez deseen iniciarse solos, y un rito de iniciación personal se describe en las páginas 92 y 93. Además, muchos rituales de este tipo se pueden encontrar en otros libros. Por ejemplo, en *Witchcraft for Tomorrow*, de Doreen Valiente, se describe un buen rito de iniciación propia. O si lo desea, usted puede crear el suyo, ofreciendo sencillamente una plegaria de consagración al Dios y a la Diosa, pidiéndoles que le ayuden en su camino. No hay caminos correctos o equivocados; como la mayoría de los aspectos de la brujería, lo que le sirva es correcto. Sin embargo, tenga en cuenta que la wicca, o cualquier otra senda espiritual, no puede aprenderse en un mes, un año o un par de ellos; es un viaje que dura toda la vida. La iniciación y los grados por sí solos no lo harán más sabio, ni lo convertirán en un verdadero wiccano.

Arriba. Los iniciados en la wicca llevan un cordón alrededor de la cintura, a veces de color azul para los hombres y rojo para las mujeres.

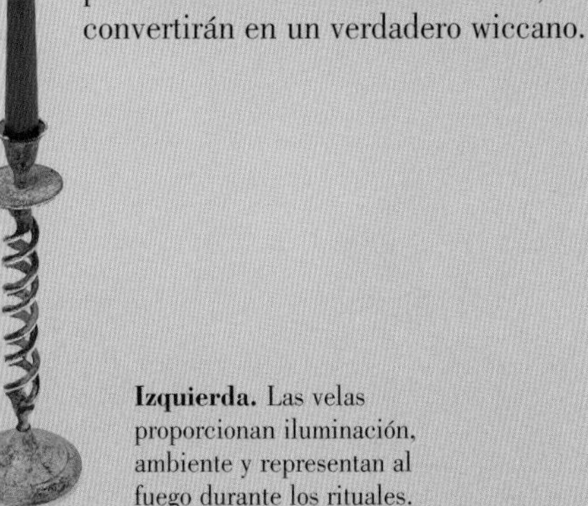

Izquierda. Las velas proporcionan iluminación, ambiente y representan al fuego durante los rituales.

¿ES LA BRUJERÍA UN MODO DE VIDA?

Por supuesto. Cualquier iniciado puede saberse las palabras de memoria, aparecer las veces requeridas a lo largo del año y luego volverse a su casa, mientras se pasa el resto del tiempo hasta la siguiente ocasión, devorando comida basura repantingado frente a la televisión. La brujería no solo tiene que ver con lo que usted sabe, sino también con lo que usted es y lo que hace en este planeta.

La wicca es en su esencia una religión de la naturaleza, por eso los brujos muestran un profundo respeto por el mundo natural y sienten el papel que desempeñan en su conservación o destrucción. Vivimos en un mundo maravilloso y diverso, que nos proporciona todo lo necesario para vivir y prosperar en él. Y no solo nosotros, sino también los animales, pájaros, árboles, peces, reptiles y plantas. Cuanto más descubrimos del mundo, más nos damos cuenta de cómo todo encaja perfectamente al igual que un complejo rompecabezas en el que todas y cada una de las piezas son esenciales. Quite una de ellas y la imagen empezará a distorsionarse, quite varias y toda ella se perderá.

La brujería proporciona una sólida base para meditar sobre los temas medioambientales. La mayoría de los wiccanos tratan de pasar en el mundo tan ligeros como una pisada en la tierra, reciclando todo lo que puedan, conservando la energía y formando parte de proyectos que mejoren las localidades en las que viven. Algunas congregaciones realizan de forma regular excursiones a lugares de especial belleza natural y los limpian después del paso de los domingueros y excursionistas inconscientes. También emplearán su tiempo en oraciones y meditaciones curativas y de amor hacia la tierra y los árboles. Sea lo que sea que hagamos en la tierra, lo importante es que tratemos de ser buenos custodios de la misma para que, a cambio, nuestros hijos puedan disfrutar del mundo y sigan cuidando de él.

¿QUÉ ES LA «REDE» WICCANA?

La *Rede* es la ley moral básica de la fe wiccana. La parte que se cita más frecuentemente es:

Ocho son las palabras
que la Rede cumplen:
hagas lo que hagas,
no dañes a nadie.

Esto significa que puede hacer lo que desee en la vida, pero asegúrese de que sus actos no causan daño a los demás.

Arriba y página anterior. Los wiccanos tratan de ayudar a conservar la belleza de la tierra y minimizar los efectos nocivos que, a menudo, la humanidad ha causado en el medio ambiente.

¿POR QUÉ LOS WICCANOS CELEBRAN MUCHOS DE SUS RITUALES POR LA NOCHE?

En realidad es un problema de tradición. Cuando todavía la brujería era ilegal, era más seguro celebrar los rituales por la noche, pues había menos gente que pudiese enterarse, y así la costumbre ha seguido hasta nuestros días. Otra razón es que la mayoría de la gente está ocupada con algún tipo de trabajo durante el día. La noche es también el reino del aspecto lunar de la Diosa y, por eso, este es el momento ideal para celebrar sus ritos. Sin embargo, y a pesar de que la mayor parte de los rituales se celebren de noche, hay otros que tienen lugar de día como los *wiccanings* y los esponsales (ver páginas 91 y 94).

¿CELEBRAN DESNUDOS LOS WICCANOS SUS RITOS?

Algunos brujos y congregaciones prefieren trabajar desnudos o, como también se conoce, con los ropajes del cielo. Sin embargo, la mayoría lleva algún tipo de túnica u otra ropa especial. Ninguna forma de trabajar es errónea siempre que la persona se sienta a gusto y relajada. Los wiccanos que usan los ropajes del cielo sostienen que trabajar desnudos hace que todos parezcan iguales, algunos incluso proclaman que el poder mágico se alcanza más fácilmente estando desnudo. Por el contrario, los opositores mantienen que ningún tejido es obstáculo para alcanzar el poder. Por supuesto, ambas posturas tienen sus desventajas: con los ropajes del cielo uno se puede quedar helado en los climas fríos, y la ropa puede ser algo arriesgada cuando se trabaja alrededor de un fuego.

¿HAY ALGO DE SEXO EN LOS RITUALES?

La brujería, como muchas otras religiones basadas en la naturaleza, tiene una visión muy abierta sobre el sexo, lo que no significa que tolere cualquier práctica sexual peligrosa o ilegal y, en efecto, no lo hace. Aunque se utilizan mucho las imágenes sexuales, por ejemplo en la bendición del vino (ver página 63), las relaciones sexuales dentro de un ritual son poco comunes. Cuando suceden, en una ceremonia llamada el Gran Rito, tienen lugar habitualmente entre parejas establecidas y en la intimidad. Algunas congregaciones incorporan la iniciación sexual como parte de los rituales del tercer grado, pero en general se celebran de forma simbólica. Siempre debe haber consentimiento y, en verdad, la mayoría de los wiccanos jamás han tomado parte o sido testigos de actos sexuales dentro de un ritual.

Arriba. Los wiccanos celebran sus ritos tanto vestidos como desnudos, esto último se conoce como los ropajes del cielo.

Derecha. Tradicional y habitualmente los rituales se celebran por la noche. Además del hecho de que la mayoría de la gente tiene que trabajar de día, la noche es también el reino del aspecto lunar de la Diosa.

¿QUÉ DIFERENCIAS EXISTEN ENTRE EL PAGANISMO Y LA WICCA?

Ambas son sendas espirituales que siguen una tradición de la naturaleza y, aparte de los nombres, no existe gran diferencia entre ellas en estos días. Se podría argüir que la wicca tiene más rituales mágicos y una estructura más hermética, mientras que el paganismo es más ecléctico y «ligero» en sus contenidos. Además, muchos paganos no quieren ser considerados wiccanos, pues se ven siguiendo una senda completamente diferente, con sus propias iniciaciones.

Arriba. El paganismo y la wicca son muy parecidos. Ambos reverencian a la naturaleza y celebran las estaciones del año.

¿ADORAN LOS WICCANOS A SATÁN?

No. Satán es parte integral de la religión cristiana, así que, para adorarlo, los wiccanos tendrían que creer en el cristianismo. A menudo, los cristianos han descrito a Satán como un dios con cuernos, al que mucha gente en el pasado ha confundido con dioses wiccanos como Pan o Herne, los cuales han sido representados con cuernos. De hecho, el cristianismo tomó la imagen del dios con cuernos de las antiguas religiones de fertilidad e imprimió su idea de Satán sobre ella. La Biblia, sin embargo, no contiene descripción alguna del aspecto de Satán.

¿TIENEN «FAMILIARES» LOS WICCANOS?

Los *familiares* son las mascotas de los brujos, que se supone les ayudan en sus magias, o que poseen poderes sobrenaturales por sí mismos. Muchos wiccanos mantienen de verdad a un animal como compañero y algunos de ellos pueden considerarse como familiares en el sentido tradicional de la palabra. Sin embargo,

Izquierda. Brujas celebrando una sesión de adivinación en la Bretaña francesa a principios del siglo XX. En el pasado, la gente confundía a menudo los poderes mágicos de los brujos con los de Satán. En realidad, no existe ninguna conexión en absoluto.

mientras algunos de estos animales domésticos aman formar parte de los rituales, otros prefieren buscarse un rincón tranquilo, acurrucarse y disfrutar de un buen sueño.

Izquierda. El gato negro es el tradicional *familiar* del brujo.

Las herramientas del arte mágico

Los brujos utilizan herramientas mágicas en sus rituales para convocar a los espíritus, invocar a las deidades y para consagrar y bendecir. Desde la espada a la campana, cada herramienta es querida amorosamente y nunca se usa para propósitos que no tengan que ver con la magia. Hechas a mano o compradas, todas durarán lo que la vida del brujo... y más allá.

LAS HERRAMIENTAS MÁGICAS

El uso de objetos con fines rituales no es exclusivo de la wicca. En efecto, la mayoría de las religiones los utilizan cuando celebran sus ceremonias. Altares, varitas mágicas y el incienso son bastante comunes, mientras que los pentáculos y los cordones especiales no lo son tanto.

Las herramientas se utilizan en la wicca para dirigir la energía de acuerdo con la voluntad del brujo. Hay que recordar que las herramientas, aunque estén consagradas para usos rituales (ver página 60), no tienen poder en sí mismas: simplemente obran como un foco de su propio poder. Así pues, las herramientas son menos importantes para un ritual que su propio e interior poder, aunque ciertamente realzan un ritual.

Arriba y derecha. La mayoría de las religiones usan objetos litúrgicos especiales, incluido el cristianismo. Las herramientas wiccanas deben purificarse con agua o tierra antes de su uso ritual.

Las herramientas mágicas pueden obtenerse de varias maneras: heredadas entre los miembros de una congregación o familia, fabricadas o compradas. Si usted es una persona de naturaleza práctica y creativa, fabricarlas es la mejor opción, pues el producto final mejorará con sus propios poderes. Las cacharrerías son lugares curiosos para encontrarlas. Los cuchillos de mango blanco y los cálices se pueden conseguir a menudo en sitios parecidos. Si usted es incapaz de encontrar una herramienta mágica, no permita que eso le impida practicar la wicca y, en su lugar, improvise. Recuerde que no hay maneras correctas o equivocadas a la hora de celebrar un ritual, y que su poder interior es lo verdaderamente importante.

PURIFICACIÓN DE LAS HERRAMIENTAS

Si la herramienta proviene de un origen desconocido como, por ejemplo, una cacharrería, es mejor purificarla. Utilice agua salada o corriente (un arroyo o una pequeña cascada sería lo mejor, pero asegúrese que esté bien sujeta para que el agua no la arrastre), o entiérrela. Purifique las herramientas durante la luna llena, dejándolas en el lugar elegido toda la noche. Aun así, la herramienta tendrá que ser consagrada antes para su uso ritual (ver página 60).

ESPADA

La espada simboliza el control, la fuerza, el honor y la nobleza. La espada mágica no se utiliza para matar o herir; de hecho, solo se usa con propósitos mágicos. Representa el principio masculino y es el arma del elemento fuego. La espada se usa durante el ritual para trazar el círculo mágico dentro del que se celebran las ceremonias wiccanas, así como para desafiar a cualquier espíritu malévolo. El poder de la espada protege a aquellos que están dentro del círculo. Las espadas pueden comprarse en tiendas de efectos militares o en ferias en las que se representan hechos históricos. Un *athame* puede usarse en lugar de la espada si esta no pudiese obtenerse, además en algunas tradiciones nunca se ha utilizado la espada.

ATHAME

Pronunciado az-ei-mi, este cuchillo, de mango negro y hoja desafilada, es la herramienta más personal de todos los brujos y las brujas y cada uno de ellos debe tener su propio *athame*, y nadie excepto ellos mismos puede utilizarlo. En algunas congregaciones hay que pasar un periodo de formación antes de que un brujo obtenga su *athame*. En términos mágicos puede ser entendido como una representación más pequeña de la espada, capaz de realizar las mismas operaciones que esta. Es muy útil si se trabaja en solitario o en una congregación pequeña, donde una espada es difícil de encontrar o poco práctica de usar. Los *athames* se pueden comprar o fabricar en casa; si hace lo primero, probablemente adquirirá un cuchillo afilado y tendrá que embotarlo usted mismo.

El *athame* se lleva en una vaina, que puede hacerse con dos piezas de cuero recortadas y cosidas juntas, ceñida en un cordón alrededor de la cintura. A menudo, en el cuchillo se graban o se pintan signos mágicos (dibujados a la derecha), por lo general en el mango, aunque también se haga a veces en la hoja.

CUCHILLO DE MANGO BLANCO

Este es el cuchillo «práctico» del brujo, y se utiliza en aquellas tareas en las que la espada o el *athame* no serían apropiados, como cortar los alimentos rituales o grabar los signos en las velas para hacer magia con ellas. Al igual que el *athame*, el cuchillo de mango blanco puede comprarse, aunque en casa puede hacerse uno bien bueno con una hoja vieja y un trozo de madera o hueso para el mango.

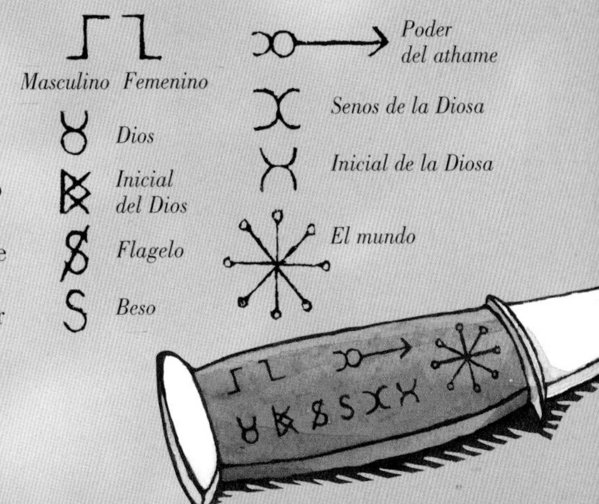

ALTAR

El altar es el punto central dentro del círculo mágico para el ritual. Habitualmente se adorna con figuras u otras imágenes del Dios y de la Diosa. Los altares wiccanos son frecuentemente obras maestras por derecho propio, y algunos están hechos a mano utilizando cinco tipos diferentes de madera. Sin embargo, cualquier mesa o baúl puede servir. Este último tiene además la ventaja de proporcionar espacio para guardar las herramientas mágicas cuando no se usan. Los altares están cubiertos habitualmente con un mantel específico para este propósito y que puede ser de cualquier color o motivo.

Encima de los altares wiccanos hay habitualmente dos velas y una tercera para señalar el norte, y recipientes con sal y agua, un incensario, el pentáculo, un cuchillo de mango blanco, un cáliz, una varita mágica, el flagelo y una campana. La espada se pone en el suelo en frente del altar y el caldero con las pastas del *sabbat* y el vino sin consagrar a un lado del altar hasta que se necesite utilizarlos. Además, a veces también pueden ponerse flores aromáticas, frutas, verduras, cristales, guijarros y trozos de madera para adornar el altar.

Muchos wiccanos mantienen diariamente un altar propio, situado por lo general en un rincón tranquilo de la casa que suele adornarse con una colección ecléctica de símbolos y objetos que importen a esa persona concreta.

CÁLIZ

Se llama cáliz a la copa o tazón que se usa para contener el vino tinto sagrado o cualquier otro líquido que se beba durante un ritual. La mayoría de ellos tienen forma de tazón metálico o de cerámica sin asas. Algunos wiccanos utilizan cálices de madera. Es poco aconsejable usar metales baratos, incluso plata, pues el vino tinto puede provocar una reacción que deteriore su sabor y decolore el cáliz. Este simboliza el principio femenino, su copa en forma de útero conteniendo la sagrada sangre de la vida.

VELAS

El número mínimo de velas que se usan en un ritual es de seis: dos para al altar y las otras cuatro para señalar los puntos cardinales. Por lo general, se usan velas blancas, a no ser que el ritual o el hechizo que se vaya a realizar exija un color diferente. Las velas que se utilizan para celebrar los ocho *sabbats* (ver páginas 72 a 89) pueden ir asociadas a un color propio. Asegúrese que las velas sean lo suficientemente largas para que duren todo el ritual, y utilice velas nuevas cada vez. Cuide también que las velas estén bien colocadas en candeleros estables y lejos de corrientes fuertes de aire, sobre todo si están en el suelo.

VARITA MÁGICA

La varita mágica, al igual que la espada y el *athame*, se usa para invocar y controlar ciertos poderes, además de convocar a otros seres, aunque de manera cortés. Por ejemplo, para invocar el poder de la Diosa dentro de las sumas sacerdotisas (ver *El descendimiento de la luna*, páginas 66 y 67), usted debería utilizar la varita mágica, pues sería presuntuoso por su parte convocar u ordenar a la Diosa, mientras que para convocar a los elementos o a los señores de las atalayas deberá usar la espada o el *athame* (ver páginas 56 a 59).

CÓMO HACER UNA VARITA MÁGICA

Las varitas mágicas habitualmente se las hace uno mismo, o mejor dicho se hacen de forma natural. Tradicionalmente, la varita se corta de una de las ramas nuevas del año de un avellano (cuanto más recta mejor) durante el amanecer de luna nueva, que tenga unos 60 cm (2 pies) de longitud. Antes de cortarla, pida permiso al árbol y deje una pequeña ofrenda de gratitud, como unas hebras de tabaco o un mechón de sus cabellos. Luego puede preparar y adornar la varita mágica según sus propios gustos. Habitualmente, los wiccanos quitan la corteza, dejan secar la madera y luego la pulen antes de grabar símbolos en ella. Algunos wiccanos añaden algún adminículo en forma de piña o bellota en la punta de la varita mágica para enfatizar su naturaleza fálica. Otros, en cambio, ponen un cristal para concentrar la energía.

INCENSARIO

Se utiliza para contener el incienso y llevarlo alrededor del círculo cuando sea necesario. Es preferible que el braserillo del incensario tenga una cadena larga, aunque a algunos wiccanos les guste usar un plato o una concha. Es también aconsejable tener algún tipo de soporte donde dejar el incensario caliente con el fin de evitar que se queme el mantel del altar.

RECETA PARA EL INCIENSO

2 partes de olíbano
1 parte de mirra
1 parte de madera de sándalo o cedro
¼ parte de benjuí
¼ parte de romero seco
¼ parte de enebrinas

Mezcle los ingredientes y almacénelos en un lugar seco y fresco. Hágalos arder sobre carbón vegetal.

INCIENSO

Aunque alguna gente utiliza conos o varillas de incienso, la mayoría de los wiccanos prefieren el incienso compacto, del tipo que arde sobre bloques de carbón vegetal. Así como el incensario, esta clase de incienso puede comprarse generalmente en tiendas de objetos religiosos o de Nueva Era. Hay varias mezclas de aroma fuerte, que habitualmente contienen olíbano. Algunos wiccanos se hacen su propio incienso, comprando a granel hierbas, resinas y gomas, y mezclándolas luego de acuerdo con varias recetas.

PENTÁCULO

Este es un objeto, generalmente de madera, metal o cera, donde se inscribe una estrella de cinco puntas y es el símbolo principal de la wicca. Representa al elemento tierra, y las cinco puntas simbolizan también a los elementos tierra, agua, aire, fuego y espíritu. El pentáculo se dibuja habitualmente con una punta hacia arriba, para simbolizar la supremacía del espíritu sobre los elementos. Cuando está invertido, representa el dominio de la materia sobre el espíritu.

CALDERO

En nuestros días, la marmita tradicional de los brujos para cocinar y hacer sus mezclas no es más que otro elemento decorativo del círculo. Hecha de metal o cerámica y con tres patas, representa el triple aspecto de la Diosa, simboliza el elemento agua y se asocia con el renacimiento y la inspiración. Durante las festividades de las estaciones se usa de varias maneras: para poner una vela, agua o flores. También es muy popular su uso lleno de agua, con manzanas flotando para jugar a atraparlas con la boca durante la fiesta de Samhain.

ESCOBA

La escoba se usa para limpiar el área donde se va a trazar el círculo mágico con el fin de expulsar todo lo negativo antes de un ritual. Una escoba de ramas naturales es la ideal, pero una común de casa también sirve. Después de usarla, se deja habitualmente fuera del círculo, quizá apoyándola contra una pared de la habitación.

FLAGELO

Suele ser un objeto típico de las congregaciones gardnerianas y alexandrianas, pero la mayoría de los wiccanos han elegido no utilizar el flagelo por sus connotaciones sadomasoquistas. De hecho, nunca se usa para herir y las correas son blandas. El flagelo tiene dos fines: uno es para pedir perdón a la Diosa por alguna maldad, y en tal caso el penitente es flagelado suavemente tres veces mientras inclina la frente ante el pentáculo, y el otro se usa para poner al brujo en un trance ligero mediante el ritmo de los golpes del flagelo.

CONFECCIONAR UNA TÚNICA

Necesitará una pieza de tela de una longitud aproximada del doble de la altura de su cuerpo, y lo suficientemente ancha para que pueda tener los brazos cubiertos cuando los extienda. Doble la pieza a lo ancho y luego corte un semicírculo en el centro del borde doblado para crear un hueco para el cuello. Corte cuidadosamente el resto de la pieza en forma de T para que se ajuste cómodamente a sus brazos y cuerpo. Cosa las mangas y los lados de la túnica y los dobladillos de cuello, puños y bajos de la túnica. Puede también bordar su túnica con algún ornamento.

TÚNICAS

Algunos brujos prefieren trabajar desnudos o con los ropajes del cielo, otros eligen hacerlo con túnicas. El color es por lo general asunto personal o de la congregación, y en modo alguno el negro es obligatorio, aunque tenga cuidado con los colores claros por las manchas de vino. La mayoría de la telas sirven, pero las naturales son las más apropiadas. Tenga precaución cuando esté al lado de las velas u hogueras si la tela que lleva no es a prueba de fuego.

CORDONES

La mayor parte de los brujos posee un juego completo de nueve cordones pero rara vez los usa. Los colores y sus significados varían de tradición a tradición. En un sistema común de colores, los hombres wiccanos se ciñen la cintura con un cordón azul (este) y las mujeres con uno rojo (sur). Los otros colores son el verde (oeste), amarillo (norte), morado (el círculo), dorado (el sol), plata (la luna), blanco (la escalera de la Diosa; este cordón se usa a veces para medir y dibujar el círculo mágico), y el negro (la Diosa en su aspecto de anciana). La tradición indica que todos los cordones deben medir 3 m (9 pies), equivalentes al diámetro del círculo mágico, y que ambos extremos estén sellados para evitar que se deshilachen.

Por lo general no se introducen en el círculo cordones sueltos a no ser que el ritual que se vaya a celebrar requiera su uso, como en el nudo mágico, que exige hacer una serie de nudos en el cordón (por lo general, uno nuevo elegido con este propósito) mientras se recita un canto que encierra al sortilegio en cada nudo. Luego, el cordón es enterrado o apartado durante un periodo de tiempo para dejar que el hechizo actúe.

CAMPANA

Las campanas se utilizan para anunciar el principio y el fin de un ritual. Es un símbolo de la Diosa, y sus notas parecen vibrar de un plano al siguiente, creando energía positiva alrededor del círculo.

El círculo mágico

Todos los brujos y congregaciones tienen sus propios métodos para llevar a cabo los rituales. Sin embargo, es importante empezar con una buena base, incluyendo cómo trazar un círculo, cómo alcanzar el poder dentro del mismo y cómo cerrarlo después de terminar el ritual. Aunque las palabras específicas que se utilizan en este capítulo puedan diferir entre las tradiciones, el trabajo con el círculo que aquí se describe es la práctica común dentro de la corriente principal de la wicca.

CÓMO DESARROLLAR UNA MENTE MÁGICA

Los hechizos y los rituales no funcionan porque las palabras posean poder, o porque los materiales utilizados tengan alguna magia propia; tan solo son los puntales elegidos para enfocar la mente con un propósito. La verdad es que el poder está dentro de usted, en su mente.

A no ser que sea capaz de entrar en el correcto estado mental, nunca será capaz de hacer magia. No importa cuánto conocimiento tenga de magia o los grados de iniciación que haya alcanzado: no le servirán de nada si no se enfoca la intención. De hecho, hay personas que jamás han oído hablar de la wicca, o incluso de la magia y que, sin embargo, son capaces de hacer que las cosas sucedan mediante la fuerza de su voluntad y el pensamiento positivo.

Para hacer magia, la mente debe estar relajada, preparada para pensar con claridad. Este estado corresponde a lo que la ciencia conoce como pauta de onda cerebral alfa. Este es el estado en el que está su mente antes de dormirse. Se puede alcanzar mediante la meditación, técnicas de visualización e incluso la fantasía.

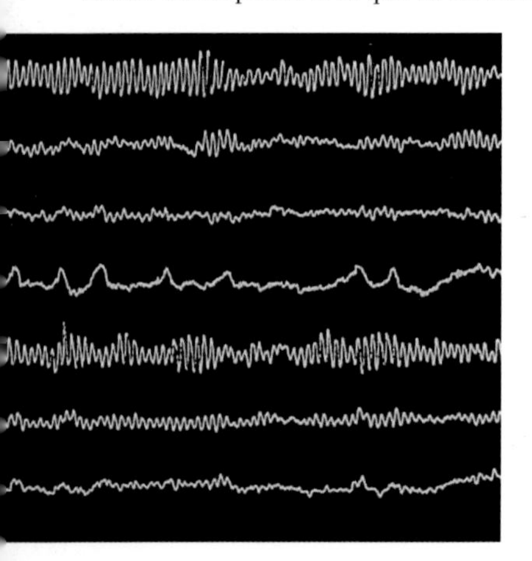

Un trance más profundo, usado para la adivinación y viajar a los reinos del espíritu, depende de una pauta de ondas cerebrales más lentas, conocidas como theta. Estas se encuentran en la gente durante el sueño más profundo o bajo anestesia. Alcanzar estas pautas cuando se está despierto ayuda a incrementar la creatividad y la conciencia psíquica, pero también hace más difícil la comunicación. Las formas de alcanzar el estado theta despierto incluyen el toque del tambor, la concentración en la llama de una vela y escuchar cierta música «matemática», como la compuesta por Bach.

Arriba. Relajar la mente en una pauta de onda cerebral alfa o theta es lo ideal para hacer magia.

Derecha. Las técnicas de visualización implican mantener una imagen atractiva en su mente con el fin de lograr un estado mental mágico.

LA MEDITACIÓN

La meditación ayuda a producir un profundo estado alfa, relajando la mente y obteniendo un alivio sosegante después del esfuerzo y trabajos de cada día. La práctica diaria de la meditación también prepara a la mente para hacer magia más fácilmente. La meditación, como la wicca, tiene muchos caminos y tradiciones y debe encontrar el más apropiado para usted. Puede que sea más feliz entonando mantras orientales o quizá prefiera concentrarse en su respiración, o en abrir y cerrar sus *chakras* (centros de energía interior). A algunas personas, para concentrarse, les gusta usar objetos como las velas, mientras otras consideran que las distraen. Cualesquiera que sean los métodos que elija, trate de meditar todos los días, preferiblemente siempre a las mismas horas.

Asegúrese que nadie le interrumpa (desconecte el teléfono) y colóquese sentándose en una postura cómoda en una silla o en el suelo. Es mejor no tumbarse, pues es muy fácil quedarse dormido. Medite mientras esté cómodo; encontrará que al principio no es mucho tiempo, pero este aumentará cuanto más practique.

Arriba. La meditación le ayudará a conseguir un estado alfa profundo, ideal para el círculo mágico y otros rituales.

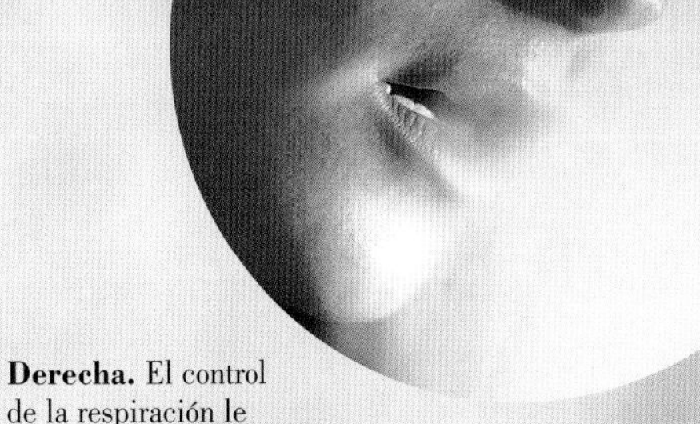

Derecha. El control de la respiración le ayudará a relajarse y calmarse.

MEDITACIÓN RESPIRATORIA

Con los ojos cerrados, inspire profunda y lentamente desde el abdomen. Contenga al máximo la inspiración durante unos segundos antes de espirar lentamente, y una vez hecho esto completamente, aguante unos segundos antes de volver a inspirar. Hágalo al menos diez veces seguidas para empezar. El ejercicio tiene un efecto calmante y es beneficioso físicamente tanto para el cuerpo como la mente.

MEDITACIÓN MEDIANTE PERCUSIÓN

La meditación debida a la percusión repetitiva de un tambor produce vibraciones que envían dentro del cerebro un trance parecido al del estado theta. Esto se conoce desde hace mucho tiempo en las tradiciones chamánicas. Los chamanes de Siberia (de donde es originario el término) pensaban que sus tambores eran como caballos que podían llevarlos a otros mundos. En las tradiciones de los indios americanos se utilizaban los tambores con el mismo propósito, como el accesorio necesario para viajar a otros reinos. La meditación con tambores no está recomendada a los principiantes y nunca debe ser practicada a solas.

Derecha. Los chamanes usan los tambores para inducir un trance parecido al estado theta, antes de viajar a otros reinos.

VISUALIZACIÓN

La visualización es el arte de ser capaz de experimentar algo en su mente; no solo de verlo, sino también oírlo, palparlo, olerlo y saborearlo. Para algunas personas la visualización es algo natural, pero otras tienen que practicar regularmente antes de ser capaces de tener una imagen clara en sus cabezas. Es bastante parecido a soñar despierto, solo que más vívidamente y con más atención. La práctica habitual de la visualización también ayuda a fortalecer los procesos de la imaginación, que conllevan una mayor creatividad.

La visualización es muy importante para la magia, porque cuando se celebra un ritual o se lanza un hechizo, usted necesita visualizar el resultado que desee conseguir, y necesitará visualizarlo fuertemente, con la energía necesaria para creer en él. Quite las palabras y los gestos y lo que queda es básicamente la magia, es decir, la utilización de su voluntad y la fuerza de la imaginación para influir en las energías que le rodean, de tal modo que lo que desee se convierta en realidad.

Al igual que la meditación, trate de practicar la visualización todos los días, pero no espere milagros. Todos aprendemos y desarrollamos estas habilidades a su propio ritmo; simplemente, relájese y esté cómodo antes que forzarse para obtener cierto nivel. La visualización puede ser agotadora, así que descargue su energía posteriormente de la misma manera que lo haría al término de un ritual (ver página 68).

VISUALIZACIÓN FLORAL

Esta visualización cuesta hacerla una semana. Siéntese cómodamente, como si fuera a meditar, y asegúrese que nadie ni nada le moleste. El primer día imagine una flor enfrente de usted, una rosa o una margarita; píntela con colores rojos muy vivos. Observe los pétalos y el estambre, sienta su textura y aspire su aroma. Téngala en su mente el mayor tiempo posible.

El segundo día, haga lo mismo, pero imaginando esta vez la flor del naranjo. Y como la anterior, consérvela en su mente el mayor tiempo posible. El tercer día repítalo con una flor amarilla, el cuarto con una verde, el quinto con una azul, el sexto con una color añil, y el séptimo día imagine una flor blanca y brillante con una luz radiante.

Una vez que las conoce a todas, quizá quiera tratar de visualizarlas creciendo en una hilera en frente de usted. Así que cuando las tenga claramente en su mente, imagine sus colores volando hacia arriba, como un arco iris que resplandece y lo baña con su hermosa luz.

PREPARACIÓN DE UN RITUAL

Los rituales se diferencian de un tiempo al siguiente. Por ejemplo, una ceremonia que celebre Beltane un año, puede tener lugar en otro sitio al año siguiente con distintos resultados en función de las energías reunidas.

No hay nada malo en adecuar un ritual para que se acomode a sus necesidades. Los libros de las sombras y los rituales escritos en libros como este son solo líneas maestras. El asunto más importante a la hora de celebrar un ritual es que usted tenga la intención y el propósito. Alcanzar el poder sin ningún lugar al que ir es más la prueba de un ego inmaduro que la de un brujo versado. Los fines pueden ser celebrar una festividad como la luna llena, lanzar un hechizo o la curación. Cualquiera que sea el anterior, la persona que dirige un ritual debe tener claros los objetivos todo el tiempo y ser responsable de lo que suceda.

Los rituales pueden tener lugar de puertas adentro o al aire libre. Muchos wiccanos prefieren trabajar de esta última forma porque se sienten más cercanos a la naturaleza. Sin embargo, los rituales al aire libre dependen del clima y de la intimidad. Obviamente, en tierras cálidas será más fácil trabajar fuera casi todo el año, siempre y cuando exista un lugar adecuado. Con climas poco calurosos, el frío puede ser muy molesto, y es desesperante mantener encendidas las velas contra el viento y la lluvia. La intimidad también es importante, pues a usted no le gustaría empezar un ritual y verse rodeado de una multitud, o tener que ver llegar a los bomberos que vienen a apagar su hoguera.

LAS FASES DE LA LUNA

Cuando se planee una ceremonia, la fase de la luna siempre debe tenerse en cuenta. La Luna es el símbolo del aspecto de la madre de la Diosa, la dadora de fertilidad e inspiración, la que gobierna las mareas y los periodos de la mujer. Ella es la luz en la oscuridad y la que abre el tercer ojo. Bella y misteriosa, ha mantenido la atención y la adoración de la humanidad durante miles de años. Hoy, los wiccanos todavía ven a la Luna como el símbolo celestial de la Diosa, y sus diferentes fases traen energías distintas a la hora de hacer magia.

LA LUNA Y SUS ASOCIACIONES

Luna nueva *Es el tiempo de nuevos comienzos, el tiempo germinador cuando las ideas empiezan a cobrar forma.*

Luna creciente *La Diosa con aspecto de doncella. Buen tiempo para cualquier magia y ritual positivos.*

Luna llena *La Diosa con aspecto de madre. Tiempo de realización, bendición y celebración. El poder físico está al máximo.*

Luna menguante *La Diosa con aspecto de anciana. Un tiempo de atadura y para que la magia se desvanezca.*

EL CÍRCULO MÁGICO

El círculo es la forma simbólica que desde la Antigüedad se ha usado con fines mágicos en todo el mundo. Tiene muchos y diferentes significados y funciones, todos los cuales pueden usarse para practicar la wicca en grupo, en pareja o en solitario.

La circunferencia del círculo separa lo que está dentro de lo que está fuera. No tiene ni principio ni fin, y así representa la eternidad.

La zona interior de la circunferencia se considera un lugar separado del espacio y tiempo ordinarios y, en verdad, los rituales que se celebran dentro de los círculos parecen desafiar muy a menudo las estructuras del propio tiempo, con horas del tiempo «ordinario» corriendo en lo que parece un instante. Fuera del círculo el tiempo normal y la realidad existen, y para saltar entre los dos (si realmente es necesario) se exige un pequeño ritual propio con el fin de mantener los dos mundos separados en la mente de todos los presentes. Para propósitos mágicos, los círculos se usan principalmente para conservar fuera las influencias indeseables y para contener cualquier poder que se alcance para hacer magia. De esta manera, el poder obtenido puede ser concentrado antes de enviarlo más allá de los límites.

Existen conjeturas sobre si los círculos de piedra hallados en varias partes del mundo se usaron con este fin. Parecen estar levantados sobre ciertas líneas de poder específicas de la tierra (líneas de campo o nexos), que quizá atrapen el poder de la tierra y lo almacenen dentro de su pétrea circunferencia, de forma parecida a un embalse.

Izquierda. Los círculos y las estrellas de cinco puntas (pentáculos) se encuentran en la naturaleza y, por consiguiente, tienen un significado especial para los wiccanos.

Derecha. Los wiccanos celebran sus rituales dentro del límite protector y sagrado del círculo mágico. Los antiguos círculos de piedra, como este de Ballynoe, en el condado de Down en Irlanda, pueden haber sido utilizados con propósitos similares.

CÓMO TRAZAR UN CÍRCULO

Despeje el espacio que quiere usar y dibuje un círculo en el suelo. Por tradición, este tiene un diámetro de 3 m (9 pies), pero cualquier tamaño que sirva puede usarse. Dibújelo con harina, sal, tiza, o incluso ramas o flores de temporada, de tal forma que después pueda limpiarse. Disponga su altar en el norte del círculo (ver página 33) y sitúe una vela en cada uno de los cuatro puntos cardinales. Lo ideal sería que todos los objetos encajaran dentro del círculo marcado, pero si tiene limitaciones de espacio, puede ponerlos justo en el exterior siempre y cuando los incluya más tarde en el círculo mágico trazado por la espada en este ritual (ver página 54). Recuerde que siempre puede adaptar los ritos y prácticas wiccanos a sus propias necesidades.

CÓMO BARRER EL CÍRCULO

Tome la escoba y barra el círculo desde el centro hasta los bordes en el sentido *deosil* (el sentido de las manecillas del reloj o del sol), y si lo desea puede entonar una pequeña runa como la siguiente:

Barre, barre, barre fuera
todas las preocupaciones del día.
Expulsa a las sombras, expulsa al mal
y haz que el círculo sea seguro y fuerte.

Deje la escoba fuera y dé un paso dentro del círculo, contemplando durante un momento la santidad del espacio que le rodea. Luego acérquese al altar para bendecir la sal y el agua.

BENDICIÓN DEL AGUA

Sitúe un cuenco con agua en el pentáculo. Tome su *athame* e introdúzcalo lentamente en el agua hasta que la punta toque el fondo. Visualice una luz azul eléctrica brotando de la hoja y pronuncie:

Bendigo esta agua en el nombre del Dios y de la Diosa.
¡Que no haya ningún mal en ella,
y que solo la bondad me ayude esta noche!

BENDICIÓN DE LA SAL

Coloque el cuenco con la sal en el pentáculo e introduzca de nuevo el *athame* dentro, visualizando una luz azul eléctrica bailando a través del mismo. Recite:

> Bendigo esta sal en el nombre del Dios y de la Diosa.
> ¡Que no haya ningún mal en ella,
> y que solo la bondad me ayude esta noche!

Vierta la sal en el agua y apártela para usarla después.

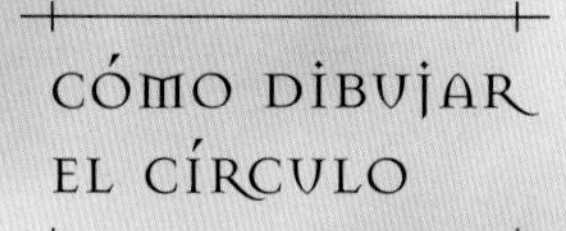

CÓMO DIBUJAR EL CÍRCULO

De pie, empuñe la espada o el *athame* y mire al norte donde está el altar. Extienda recta la espada y visualice una luz blanca o azul que provenga de la punta. Camine en el sentido *deosil*, «dibuje» el círculo con la luz, imaginando una muralla protectora o una esfera que crece a su alrededor. Asegúrese que incluye la totalidad del altar y todos los objetos que utilizará durante el resto del ritual dentro de los límites de defensa. Mientras dibuja el círculo, pronuncie:

> ¡Oh, círculo de misterio! ¡Tú que has sido construido esta noche por mi voluntad y la del Dios y de la Diosa! ¡Lugar sagrado que descansa más allá del tiempo y del espacio, de los hombres y de los dioses! ¡Protégenos mientras celebramos nuestros ritos y guárdanos del poder que se eleva dentro! En nombre del Dios y de la Diosa, yo te consagro y te bendigo.

CÓMO ABANDONAR EL CÍRCULO

Cuando el círculo está trazado, es mejor no romper sus límites saliendo de la circunferencia. En el caso de que fuese necesario entrar o salir, se debería abrir una «puerta» en el noroeste con el athame *«dibujando» un pequeño segmento del círculo en el sentido* widdershins *(en dirección contraria a las manecillas del reloj), dejando luego el athame en la entrada. Para cerrar la puerta, use dicho cuchillo para volver a «dibujar» el segmento de círculo en el sentido deosil.*

LOS CUADRANTES

Un círculo mágico se divide en cuatro cuadrantes correspondientes con los puntos cardinales: Norte, Sur, Este y Oeste. Cada punto está asociado con un elemento, un espíritu y, en algunas tradiciones, con una atalaya.

Los elementos representan las fuerzas de la naturaleza que dan forma al mundo material del cosmos. Los espíritus son las criaturas de los elementos, que si se dejan libres, pueden causar problemas a veces. Los espíritus están controlados por otros seres espirituales superiores llamados señores de las atalayas, y sus nombres propios varían según las tradiciones.

Después de trazar el círculo mágico, necesitará invocar a los elementos y a sus espíritus asociados. Algunas, aunque no todas, tradiciones wiccanas tienen sus propios métodos de convocar a las atalayas con el fin de controlar a los espíritus. Cada tradición tiene su propia manera de convocar a esos poderes, dibujando a veces sendas mágicas de otras culturas como la escandinava, la egipcia o la judeocristiana (la Cábala). No hay formas correctas o erróneas de hacerlo. Lo importante es que a usted le sirva.

Para empezar, tome la campana del altar y hágala sonar tres veces (el número de la Diosa), haga una pausa durante unos segundos, y hágala sonar dos veces (el número del Dios).

LOS CUADRANTES Y SUS ASOCIACIONES

CUADRANTE	ELEMENTO	ESPÍRITU	SEÑOR DE LA ATALAYA	HERRAMIENTA MÁGICA
Norte	*Tierra*	*Gnomos*	*Bóreas*	*Pentáculo*
Este	*Aire*	*Sílfides*	*Euro*	*Varita mágica*
Sur	*Fuego*	*Salamandras*	*Noto*	*Espada*
Oeste	*Agua*	*Ondinas*	*Céfiro*	*Cáliz*

CÓMO INVOCAR A LOS ELEMENTOS

TIERRA

Con el pentáculo, camine en el sentido *deosil* alrededor del círculo, levantándolo en alto en cada cuadrante y recitando:

Invoco a la tierra para
que bendiga este círculo.
¡Que ella nos proteja con
su fuerza ctónica mientras
celebramos nuestros ritos
esta noche!

AGUA

Tome el cuenco con agua salada y camine alrededor del círculo como antes, rociando con gotas de agua el límite del círculo, y mientras lo hace, recite:

Invoco al agua para
que bendiga este círculo.
¡Que ella nos conceda la visión
interior para celebrar nuestros
ritos esta noche!

AIRE

Lleve el incensario humeante desde el altar en sentido *deosil* alrededor del círculo. Si hay otras personas presentes, oree el incienso debajo de sus narices. Recite:

Invoco al aire para
que bendiga este círculo.
¡Que él lleve nuestras
oraciones al Dios y la Diosa
mientras celebramos nuestros
ritos esta noche!

FUEGO

Tome una de las dos velas del altar y llévela en sentido *deosil* alrededor del círculo, levántela en cada cuadrante y recite:

Invoco al fuego para
que bendiga este círculo.
¡Que él nos conceda
la inspiración y la pasión
para celebrar nuestros ritos
esta noche!

CÓMO CONVOCAR A LAS ATALAYAS

Es asunto suyo si quiere o no convocar a las atalayas, que custodian los cuatro puntos cardinales. Algunos brujos entienden que con invocar a los cuatros elementos es suficiente, otros prefieren incluir la mayor cantidad posible. Los guardianes se convocan dibujando en el aire con el *athame* pentáculos especiales de invocación. Advierta que la atalaya del norte es la primera en ser convocada (y la última en desvanecerse cuando el ritual o la ceremonia hayan terminado). Esto se debe a que el Norte está asociado también con el Dios y la Diosa.

ATALAYA DEL NORTE

Permanezca de pie en el norte del círculo y dibuje el pentáculo que invoca a la tierra, pronunciando:

¡Oh, Bóreas, señor del Norte
y de las atalayas septentrionales!
Con este signo te convocamos,
despertamos y pedimos.
¡Que seas la protección y el
custodio de las puertas del Norte.

ATALAYA DEL ESTE

Permanezca de pie en el este del círculo y dibuje el pentáculo que invoca a la tierra, pronunciando:

¡Oh, Euro, señor del Este
y de las atalayas orientales!
Con este signo te convocamos,
despertamos y pedimos.
¡Que seas la protección y el
custodio de las puertas del Este.

ATALAYA DEL SUR

Permanezca de pie en el sur del círculo y dibuje el pentáculo que invoca a la tierra, pronunciando:

¡Oh, Noto, señor del Sur
y de las atalayas meridionales!
Con este signo te convocamos,
despertamos y te provocamos.
¡Que seas la protección y el
custodio de las puertas del Sur!

ATALAYA DEL OESTE

Permanezca de pie en el oeste del círculo y dibuje el pentáculo que invoca a la tierra, pronunciando:

¡Oh, Céfiro, señor del Oeste
y de las atalayas occidentales!
Con este signo te convocamos,
despertamos y te provocamos.
¡Que seas la protección y el
custodio de las puertas del Oeste!

INVOCACIÓN DE LA TIERRA
NORTE

INVOCACIÓN DEL AGUA
OESTE

INVOCACIÓN DEL AIRE
ESTE

INVOCACIÓN DEL FUEGO
SUR

BENDICIONES Y CONSAGRACIONES

Todos los objetos que se vayan a usar en los próximos ritos o sortilegios deberán ser consagrados en el momento como, por ejemplo, los materiales o las hierbas que se usen en los amuletos o talismanes. Del mismo modo, también deberán consagrarse las pastas o el vino que se consuman durante los rituales.

Algunos wiccanos bendicen y consumen la comida y la bebida en este momento, después de invocar a los elementos y convocar a las atalayas; otros lo hacen al final del ritual. Usted puede elegir el momento que desee o el que le parezca más adecuado para el rito que esté celebrando. Si este va ser largo, lo mejor será bendecir el vino al principio, y guardar algo para una posterior «copa de vino». Si no ha consagrado el suficiente vino, siempre podrá bendecirlo durante el ritual. Las pastas y el vino sobrantes, consagrados o no, se pueden beber y comer después del fin de la ceremonia.

CONSAGRACIÓN DE LOS OBJETOS RITUALES

Pase el objeto sobre la llama de una de las velas del altar, recitando:

> Te consagro por el poder del fuego.
> En el nombre del Dios y de la Diosa.
> ¡Que todos los espíritus malignos
> ardan pues te convertirás en un objeto
> de mi voluntad!

Al mismo tiempo, visualice la energía de la llama rodeando y llenando al objeto con su poder. Repita el cántico anterior, pero invocando esta vez al aire, mientras pasa el objeto sobre el incensario humeante. Haga lo mismo para el agua pasándolo sobre el cuenco con agua salada, y finalmente para la tierra, pasando el objeto sobre el pentáculo.

CONSAGRACIÓN DE LOS OBJETOS MÁGICOS

Los nuevos objetos o herramientas mágicos necesitan consagrarse antes de utilizarlos. Esto puede hacerse de la misma manera en la que usted consagra los otros objetos rituales después de trazar el círculo mágico (ver a la izquierda). Sin embargo, si usted está trabajando en solitario y no tiene herramientas previamente consagradas con las que trazar el círculo o simbolizar a los elementos, podrá bendecirlas sin necesidad de trazar previamente el círculo, recitando sencillamente antes la sola invocación. Recuerde que la wicca es una religión no dogmática e individualista y que su propia intención es más importante que cualquier otra cosa.

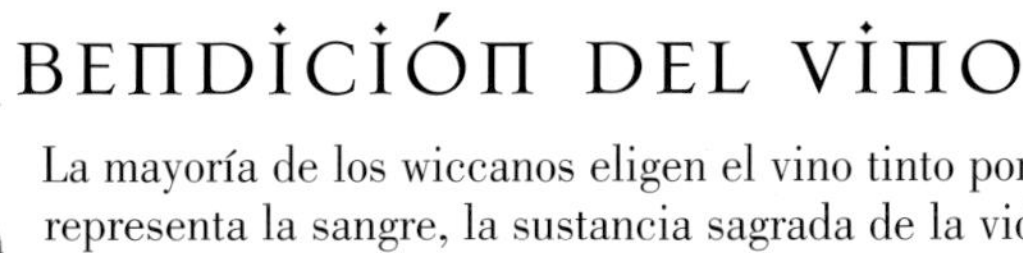

BENDICIÓN DEL VINO

La mayoría de los wiccanos eligen el vino tinto porque su color representa la sangre, la sustancia sagrada de la vida. Sin embargo, la sidra o la cerveza pueden ser buenas alternativas durante la cosecha, o el hidromiel en el verano. También se puede beber leche o zumo de manzana o de uva. Si celebra en solitario, llene el cáliz con vino y póngalo en el pentáculo en frente del altar. Si hay brujos de ambos sexos, el hombre deberá sostener el cáliz de rodillas y la mujer permanecerá de pie enfrente de él. Introduzca el *athame* dentro del vino y recite:

> ¡Como el *athame* es al hombre, el cáliz es a la mujer, que los dos benditos sean! Bendigo este vino, el *athame* al cáliz, el hombre a la mujer, el cielo a la tierra. ¡Benditos sean!

BENDICIÓN DE LAS PASTAS DEL «SABBAT»

Las pastas del *sabbat*, también conocidas como las pastas de la luna, se comen en todos los rituales y fiestas y representan la munificencia de la tierra y el cuerpo de la Diosa. Aquellos que las coman compartirán los regalos de la tierra. Ponga la bandeja con las pastas sobre el pentáculo encima del altar y luego celebre la invocación de la tierra (ver página 59) sobre ellos con la varita mágica, y recite:

> ¡Madre tierra! Te damos las gracias por esta comida y te rogamos que aquellos que la tomen tengan salud y felicidad, sabiduría y amor, plenas las energías y muchas bendiciones. ¡Que así sea!

Al final del pentáculo, apriete la varita mágica encima de las pastas en signo de bendición. Es entonces cuando usted podrá comer las pastas. Si hay más personas presentes, pase la bandeja en sentido *deosil* alrededor del círculo.

RECETA PARA LAS PASTAS DEL «SABBAT»

1 cucharada de miel (15 mililitros)
2½ taza de harina
1 cucharada pequeña de levadura (5 ml)
½ cucharada pequeña de sal (2,5 ml)
Taza y media de harina de avena
½ taza de azúcar moreno
1 cucharada de vino (15 ml)
Unas gotas de esencia de vainilla
Un pellizco de canela

Mezcle los ingredientes secos y añada luego miel, vino y agua suficientes para hacer una masa. Alísela con un rodillo encima de una superficie enharinada y córtela en formas de luna creciente con el borde de un copa. Colóquelas en una bandeja engrasada en el horno precalentado a 180° C (350° F) durante quince minutos, o hasta que se doren ligeramente.

PLEGARIAS Y CÁNTICOS

Ahora que el círculo mágico está preparado, usted necesita invitar al Dios y a la Diosa para que se unan al ritual, y luego entonar una runa de poder para reunir el poder interno del círculo para poder preparar los restantes ritos, hechizos y festividades de las estaciones del año que haya que realizar.

PLEGARIAS A LA DIOSA Y AL DIOS

Aquí exponemos algunos ejemplos de plegarias a la Diosa y al Dios, aunque usted puede crear las suyas propias si así lo desea. Advierta que la Diosa y el Dios son siempre invitados, nunca convocados, pues esto último no sería de buena educación.

PLEGARIA A LA DIOSA

¡He aquí a la Diosa! ¡Dama gentil!
Hacia ti vamos con el corazón ardiente por tu amor.
Ilumínanos con tu sabiduría.
¡Oh, tú que te llamas Isis, Cerridwen, Ishtar, Brigid, Hathor, Deméter y Danu!
Te llamo para que vengas a nuestra presencia esta noche.
¡Desciende sobre nosotros como un rayo de plata iluminado por la luna y aparece ante nosotros en un sueño y en un susurro!
¡Dinos cómo podemos servirte mejor!
¡Escucha nuestras necesidades, oh madre poderosa de todos nosotros, de los vivos y de los muertos!
Ven ahora hacia nosotros mientras te llamamos,
pues aquí eres bienvenida y a ti te honramos.

Derecha. El hombre verde, cuyas imágenes se remontan a la Antigüedad, es una de las identidades del Dios. Con su cara rodeada de hojas, simboliza la armonía con la naturaleza.

PLEGARIA AL DIOS

¡Oh, Señor de múltiples nombres, maestro de los velos!
¡Oh, Cernunnos, rey de los lugares silvestres!
Escucha nuestras plegarias y ven danzando entre las altas hierbas.
Y por en medio de los desiertos de cemento.
¡Préstanos tu espíritu alegre y gozoso para celebrar nuestros rituales!
¡Oh, señor nuestro de la abundancia y todo lo que es bueno, te pedimos que seas testigo de nuestras necesidades y nuestros actos, y que llenes nuestras copas hasta que se desborden para que podamos adorarte para siempre!

LAS RUNAS DE PODER

A diferencia de las runas que se utilizarán más adelante en este libro para lanzar hechizos, las runas de poder no son símbolos escritos, sino los cánticos adecuados para reunir el poder durante un ritual. Dicho poder se conoce como el cono del poder porque recuerda al sombrero del brujo para aquellos lo suficientemente sensibles para verlos. En las congregaciones se cantan las runas de poder, mientras los integrantes se mueven en sentido *deosil* alrededor del círculo mágico con las manos entrelazadas. Un bruja solitaria podrá adaptar el ritual bailando con el poder alrededor del círculo.

RUNA DEL CÍRCULO MÁGICO

Alrededor del círculo, todos de la mano,
llamamos a los poderes de esta tierra.
Por el cordón que nos ata a todos,
por todo lo que vuela, nada o camina
en la tierra y en el mar,
en la Luna y el Sol,
por la vida y la luz,
todo se hará.
Por las rocas y los árboles
y el antiguo saber,
el cono de poder se fortalece más.
La tierra, el agua,
el aire y el fuego,
traednos lo que deseamos.
Ya hemos bailado la danza y la canción cantado.
Lo que queremos, será.
Lo que queremos, será.

(Repetir el último verso hasta que la suma sacerdotisa diga: «parad».)

EL DESCUBRIMIENTO DE LA LUNA

Esta ceremonia se celebra en algunas congregaciones para que descienda el poder de la Diosa como signo de bendición sobre una sacerdotisa elegida al efecto. Por lo general, es una mujer con experiencia en las sendas de la wicca. Se celebra en luna llena o creciente, y antes de los ritos y hechizos descritos en los dos capítulos siguientes.

Aunque tradicionalmente este ritual lo celebran un hombre y una mujer, se puede adaptar fácilmente para hacerlo a solas. Para empezar, la mujer estará de pie en la postura de la Diosa (brazos extendidos y antebrazos levantados con las manos a la altura de los hombros), mientras el hombre se arrodilla ante ella. Luego él, con la varita mágica trazará un símbolo que representa a la Diosa sobre el cuerpo de la sacerdotisa, empezando en su seno derecho, luego el izquierdo para terminar en el vientre. Repetirá lo anterior tres veces, finalizando en su seno derecho. Mientras lo hace, el sacerdote recitará lo siguiente:

Yo te invoco, ¡oh madre poderosa!
¡La más antigua de las antepasadas de los dioses!
¡Medidora del tiempo y tejedora de los mundos!
¡Oh, tú que puedes volver estéril al bosque y convertir el desierto en un edén!
La más anciana de los poderes.
¡A ti te llamamos para que desciendas sobre el cuerpo de tu sierva y sacerdotisa que está aquí ante ti!

La sacerdotisa recita entonces una invocación. «La Invocación», escrita por Doreen Valiente se usa a menudo. Aquí ofrecemos una alternativa.

LA INVOCACIÓN

¡Hijos de la tierra, reuníos y oíd mis palabras!
¡Hijos de las estrellas, escuchadme y prestádme atención!
A todos aquellos que deberían salir de su sopor
para alcanzar las alegrías y las penas de la vida en toda su variedad,
este es mi mensaje:
Desde la Antigüedad me conocéis, siempre me habéis conocido.
Yo soy el que se mueve dentro del vientre,
yo soy la sangre que tan roja fluye.
Yo soy la estrella incrustada en la noche,
yo soy el flujo y el reflujo de las mareas.
Yo soy la trama y soy la urdimbre, yo tejo el tapiz de todas las vidas.
Las flores bailan en mi nombre.
¡Id dentro del mundo y entonad mi cántico!
¡Que la alegría reine en todos los lugares,
en los más oscuros pozos o en el desierto más infecundo!
Dejad que la verdad que habita en vuestro interior os guíe hacia delante
¡Que vuestro corazón se abra para dar y recibir la gracia!
Sabed que sois uno con todo lo viviente,
y que todo lo que vive es uno con vosotros.
¡Amad a todos los niños de la tierra,
cuidadlos, pues todos ellos son mis hijos!
Mantened a salvo a mis animales, a mis pájaros,
mis campos y bosques, los ríos y los mares, las altas montañas
y los valles profundos, pues vosotros sois los custodios
del tiempo que vendrá, y cuando el mañana llegue seréis capaces
de permanecer orgullosos de pie, si fuisteis fieles a vuestro destino interior,
a la senda de vuestra alma.
Sentid la chispa de la única divinidad dentro de vosotros
Celebrad y honrad su llama sagrada
Atended mis palabras, hijos de la tierra.
Yo soy la gran madre y me conocéis desde siempre.
En todos los sitios y en ninguna parte,
dentro y fuera yo os bendigo con todo mi amor.

CÓMO CERRAR EL CÍRCULO

Después de finalizar un ritual, es esencial dar las gracias a los espíritus, despedirlos y desmantelar el círculo. Esto es magia buena e «higiénica», pues si algún resto de ella quedase, empezarían a suceder cosas extrañas.

Colóquese en el este del círculo con su *athame* extendido y trace en el aire el pentáculo para que se desvanezca el aire, y recite:

¡Oh, Euro, señor del Este
y de las atalayas del oriente!
Te damos gracias por tu presencia
y protección esta noche.
Como este círculo va a ser
cerrado, vuelve a tus reinos;
te despido con gratitud.

Repítalo con el sur (Noto y fuego) y el oeste (Céfiro y agua), utilizando el nombre propio del señor y el pentáculo de desvanecimiento. Haga lo mismo con el norte, usando el pentáculo para desvanecer a la tierra recitando:

¡Oh, Bóreas, señor del Norte
y de las atalayas septentrionales!
¡Oh, gran Dios y afable Diosa!
Os agradezco vuestra presencia
esta noche.
Como este círculo va a ser
cerrado, volved a vuestros reinos:
os despido con gratitud.

Haga sonar la campana diez veces (el número para mundo terrenal), apague las velas, desmantele el círculo y devuelva las herramientas a su sitio. Ahora «descárguese».

CÓMO DESCARGAR LA ENERGÍA

Los rituales y la visualización pueden dejarle aturdido o con demasiada energía mágica. Quedarse en uno de los estados anteriores es potencialmente peligroso. Para descargarse, siéntese en el suelo y conéctese a la tierra a través de las palmas de las manos, los pies y los glúteos. Sienta la energía de la tierra bajo usted, es fuerte, lenta y firme. Atrape esa energía dentro de su cuerpo a través de los puntos de contacto y sienta cómo circula alrededor de todo su sistema vital. A la larga, fluirá de regreso a la tierra, llevándose todo el exceso de energía, cansancio o negatividad con ella. Cuando sienta que toda la energía ha desaparecido, dele gracias a la tierra y coma o beba algo (otra buena manera de descargarse).

DESVANECIMIENTO DE LA TIERRA
NORTE
DESVANECIMIENTO
DEL AGUA
OESTE
DESVANECIMIENTO
DEL AIRE
ESTE
DESVANECIMIENTO
DEL FUEGO
SUR

FESTIVIDADES Y RITOS DE PASO

La celebración de ciertos días del año es parte del modo de vida wiccano. Se caracterizan por sus rituales y fiestas y, algunas veces, por sus canciones, bailes y juegos. Las ocho festividades de las estaciones del año se conocen como *sabbats*. Otras se celebran también con motivo de la luna llena y diferentes ritos de paso. Si no tienen lugar durante un *sabbat*, se les llama *esbats*.

LOS OCHO «SABBATS»

Hay ocho *sabbats* o festividades estacionales, que juntas conforman la «rueda del año». Cuatro señalan las fases solares del año (dos solsticios y dos equinoccios), y los otros cuatro son de origen celta. Las fechas que aquí se ofrecen son las generalmente aceptadas, aunque algunas congregaciones las calculan de forma más precisa de acuerdo con las posiciones de los planetas; la mayoría de los wiccanos los celebran el fin de semana más próximo por conveniencia.

SOLSTICIO DE INVIERNO

Los wiccanos celebran el renacimiento del sol en el solsticio de invierno. Este señala el día con más horas de oscuridad y menores de luz. Sin embargo, también es un punto de cambio, pues en efecto, después de esta fecha, las horas de luz del día empiezan a aumentar.

IMBOLC

Imbolc es la celebración por la recuperación de la Diosa después de haber dado a luz al sol en el solsticio de invierno. Coincide con la estación en la que las ovejas empiezan a dar leche («imbolc» significa «ordeñar»), haciéndose eco del alimento que la Diosa le da a su hijo-sol. Es tiempo para celebrar a la Diosa como portadora de fecundidad.

EQUINOCCIO DE PRIMAVERA

Las horas de luz y oscuridad son iguales este día del año, y las primeras empiezan a aumentar. Si el sol era un recién nacido en Imbolc, en el equinoccio de primavera es un joven, que empieza a armarse, preparándose para su estado adulto.

BELTANE

El festival celta del fuego es quizá uno de los más asociados a la fertilidad. Es el tiempo en el que el joven dios se desposa con la diosa de la tierra en la sagrada unión que engendrará los frutos de la tierra.

SOLSTICIO DE VERANO

Esta es la celebración del día más largo, cuando los poderes de la luz están en su máxima fuerza. Sin embargo, este festival está también teñido de tristeza, pues de ahora en adelante las horas de oscuridad empiezan a aumentar. Él es ahora un hombre de mediana edad, un guerrero poderoso que ha alcanzado su plenitud.

LUGHNASADH

Lughnasadh señala la época en la que la cosecha está en sazón y pronto será recolectada. Las frutas están maduras en los árboles y la tierra está a punto de deslizarse en la riqueza del otoño. En esta época, el dios sol se acerca al final de su reinado.

EQUINOCCIO DE OTOÑO

Esta es la culminación de la estación de la cosecha y la época en la que el día y la noche, la luz y la oscuridad son iguales. Dentro de la vida de un hombre, el equinoccio de otoño representa la madurez, un tiempo para descansar después de los trabajos de la vida y, en verdad, es el tiempo de descanso del año entre la cosecha que se recolecta y la larga oscuridad que se avecina.

SAMHAIN

En el mundo celta, Samhain señala el fin de un año y el comienzo de otro. Es tiempo de poner en orden los asuntos preparándose para el periodo de oscuridad y renacimiento que se acerca.

Arriba. Estas fechas se aplican al hemisferio norte. Si usted vive en el hemisferio sur, dichas fechas estarán al revés, de forma que la rueda del año corresponda con el ciclo de las estaciones en el que el solsticio de invierno sea el 22 de junio, y así en adelante. Sin embargo, muchos wiccanos solo cambian las fechas de los solsticios y equinoccios mientras celebran las festividades celtas como Samhain (Halloween) en las fechas tradicionales del septentrión. Otros prefieren no cambiar ninguna de ellas.

SOLSTICIO DE INVIERNO

Nombre alternativo: Yule

Dos son los temas que dominan la fiesta del solsticio de invierno: el nacimiento del sol y el combate entre la oscuridad y la luz. Los conceptos de luz y oscuridad no deben ser malinterpretados como una lucha del bien contra el mal. La luz y la oscuridad se complementan una a la otra y son el equilibrio que provee nuestras necesidades. La batalla se representa habitualmente como una lucha entre el Rey Roble (la luz) y el Rey Acebo (la oscuridad), triunfando el primero en el combate.

EL TIEMPO DEL DESGOBIERNO

El periodo de tiempo entre Samhain e Imbolc es conocido como el tiempo del desgobierno, y aunque el sol renazca en el solsticio de invierno, él no tiene suficiente fuerza para crear un orden en el mundo hasta Imbolc. Sin embargo, el solsticio de invierno es una época de inspiración y para mirar adelante el resto del año, un tiempo de iniciación, regocijo y, por supuesto, para hacer alguna que otra travesura.

RITO DEL SOLSTICIO DE INVIERNO

Apague todas las velas del altar, excepto una (para poder ver). Ponga el caldero en el sur del círculo con una vela apagada dentro (las ideales son las que vienen incrustadas en un bote pequeño de metal). Encienda la vela y, de cara al oeste, recite:

¡Oh, reina de los cielos,
gran madre de todas las cosas!
Es el momento de dar a luz a tu hijo.
¡Desvela la luz que amanece con las promesas,
y danos la esperanza de las cosechas,
como tú nos das el nacimiento del nuevo día!

Ahora, de cara al este y con los brazos extendidos, recite:

¡Oh, señor del sol, señor de la luz!
Retorna otra vez para calentar esta tierra,
para madurar nuestras cosechas,
para iluminar las caras de nuestros hijos.
Ven y expulsa la oscuridad,
ahuyenta al frío que hiela nuestros huesos.
¡Vuelve, oh señor de la luz,
tu pueblo te espera!

CELEBRACIONES DEL SOLSTICIO DE INVIERNO

★ Si usted tiene una chimenea, queme un tronco de Yule (la tradición aconseja los de roble). Colóquelo en el fuego antes de que el círculo esté trazado.
★ Adorne el círculo con acebo, hiedra, muérdago y otras hojas siempre verdes.
★ Los colores adecuados son el blanco, el rojo y el verde.
★ Escriba sus objetivos y sus resoluciones para el próximo año en un trozo de papel y guárdelo en sitio seguro.
★ Reproduzca la batalla entre el Rey Roble y el Rey Acebo con espadas de madera o palos (el Rey Roble deberá ganar).

IMBOLC

Nombres alternativos: Candelaria, Lupercales, la Fiesta de Brighid
Imbolc se celebra como un símbolo del próximo fin del invierno y de la llegada cercana de la primavera. Es también una fiesta de la luz y, a menudo, la sacerdotisa que preside la ceremonia lleva una corona de luces (mejor hecha con pequeñas bombillas de colores que con velas) para

representar este brillante aspecto de la diosa. La forma más común para invocar a la diosa en Imbolc es bajo el aspecto de la deidad celta llamada Brighid (pronúnciese Brid con la i larga), que está asociada con el nacimiento de los niños, la fertilidad, las curaciones, el fuego, los artesanos, los poetas y el hogar.

LUPERCALES

Durante las fiestas romanas de las Lupercales, que se celebraban en honor de Pan, los sacerdotes corrían desnudos por las calles golpeando a la gente con correas de piel de cabra, sobre todo a las mujeres casadas. Era una verdadera fiesta de purificación y liberación, aunque alegre y obscena. Sin embargo, la escandalizada Iglesia cristiana tuvo un punto de vista diferente y prohibió las Lupercales el año 492.

¡Oh, dulce diosa!
Danos la leche de tu bondad,
para que podamos nutrirnos;
danos el fuego de tu inspiración
para poder crear maravillas
dentro de nosotros
y a nuestro alrededor.
¡Calienta nuestros corazones
con tu amor.
enséñanos con tu sabiduría
para así conocer tu valor
y el valor de tu alimento!
¡Oh, dama de la primavera,
cuando quiera que estás cerca,
las flores crecen a tu paso
y los árboles estallan en colores!
¡Oh, Brighid,
madre de todos nosotros,
ven ahora, te lo suplicamos,
y tráenos tu esperanza!
Brighid viene.
Brighid es bienvenida.

RITO DE IMBOLC

Sitúese en el norte de cara al altar. Ponga encima una muñeca de Brighid (una simple muñeca rellena con paja o tallos de avena) en una cuna con paja y coloque a su lado la varita mágica (para representar un falo). Entone el cántico escrito a la izquierda.
Deje la cuna toda la noche en lo que usted considere que es el hogar de la casa. Después, guarde la varita con el resto de sus herramientas mágicas y envuelva a Brighid y su cuna con una tela y consérvelas en lugar seguro dentro de la casa.

CELEBRACIONES DE IMBOLC

★ Sustituya el vino tinto consagrado por leche.
★ Adorne el círculo con flores de colores variados de primavera y hojas frescas.
★ Los colores adecuados son el blanco, el plateado y el dorado.
★ Componga un poema y recítelo en voz alta durante la ceremonia, o lea uno de sus favoritos.

EQUINOCCIO DE PRIMAVERA

Nombres alternativos: Eostre, equinoccio vernal, Ostara
Los principales símbolos de esta fiesta son el huevo y la liebre. La liebre (en la actualidad el conejito de Pascua) es una criatura de la diosa luna y antiguamente se pensaba que ponía huevos. La festividad mediterránea de Eostre (más tarde cristianizada como la de Pascua) puede haber tenido sus orígenes en los antiguos cultos a Ishtar y Astarté y habría incluido asuntos como la fertilidad de los matrimonios sagrados. Por lo que concierne a la wicca moderna, estos temas suelen tener lugar en la siguiente festividad, Beltane. Una explicación podría ser que la primavera viene más temprano en el Mediterráneo.

Arriba. Una reina ofreciendo unos cuencos a la diosa Hathor, la equivalente egipcia de Astarté e Ishtar.

RITO DEL EQUINOCCIO DE PRIMAVERA

De pie frente al altar, levante con su mano derecha la varita mágica y proclame:

¡Por lo brotes florecientes de la
primavera, ven suelto y sin ataduras!
¡Por el brillante narciso
y por la caída campanilla de invierno,
ven raudo a través del verdor!
¡Por la savia que fluye por los árboles,
por el placer que asoma en los cuerpos,
pedimos tu presencia!
¡Oh, señor de los bosques,
Oramos para que desciendas ahora
y entres en nosotros!

Trace el pentáculo para invocar a la tierra (ver página 59) y, sosteniendo en alto con la mano izquierda la espada, recite:

¡Oh, Señor de la luz, te entrego esta
espada para que puedas ir armado
contra la crueldad y la desesperanza!
¡En nombre de todos los que amamos,
ve adelante con fuerza y la verdad!
¡Ve adelante en nombre de la dama!

CELEBRACIONES DEL EQUINOCCIO DE PRIMAVERA

★ Decore huevos duros y juegue al escondite de los huevos de Pascua.

★ Extienda narcisos y otras flores de primavera alrededor del altar.

★ Los colores adecuados son el rojo, el amarillo y el dorado.

★ Bendiga y coma huevos (incluidos los de chocolate) durante estas festividades.

BELTANE

Nombre alternativo: Víspera de Mayo

Beltane, la única festividad que ha sobrevivido de forma independiente más a menos a la cristiandad, vive en las tradiciones populares en la forma fálica del Maypole o poste parecido a la cucaña que se pinta y adorna con flores. Las cintas que se cuelgan a su alrededor durante la danza de las fiestas de mayo (fotografía de la derecha) simbolizan lo femenino, y así es actualmente la unión simbólica del Dios y la Diosa. En la Antigüedad, el ganado era conducido entre dos hogueras para asegurar su fertilidad y la sexualidad humana se celebraba en los «matrimonios de la floresta» y en el «quedarse despierto para ver la salida del sol». Hoy en día, las cosas se han moderado un poco. Por lo general no hay ganado, las hogueras son más pequeñas y los «matrimonios sagrados» tienen lugar generalmente entre parejas establecidas y en privado.

RITO DE BELTANE

Añada tres gotas de aceite de canela a un poco de aceite de almendras y colóquelo en el altar. Ponga dos velas sin encender en pequeñas vasijas con forma de caldero y colóquelas en el centro del círculo separadas un metro (o una yarda). Si va a celebrar el ritual en el exterior, prepare en su lugar dos hogueras pequeñas o fuegos de Bel. Camine a su alrededor tres veces en sentido *deosil*, recitando:

El verano viene, encendamos los fuegos de Bel.
Es tiempo de celebraciones,
tiempo para alegrarse, tiempo para ser nosotros mismos y nadie más.
Tiempo para bendecir y ser bendecidos.
Así que encended los fuegos,
el verano está llegando.
Encended los fuegos, el verano está llegando.
Encended los fuegos, el verano está llegando.
Encended los fuegos, para que sepamos qué es el amor.

Encienda las dos velas o las hogueras, camine entre ellas empezando por el sur y terminando frente al altar. Con el aceite úntese la frente, sobre el corazón y justo encima de la zona pubiana, y recite:

¡Que la mente se libere!
¡Que la mente se libere!
¡Que la mente se libere!

LOS MATRIMONIOS DE LA FLORESTA

En Beltane un hombre y una mujer pueden marchar dentro de los bosques y comprometerse uno con el otro mediante el matrimonio de la floresta. «Legalmente» tiene una vigencia de un año y un día, momento en el que puede ser disuelto por una de las partes. El término también se aplica a cualquier amistad sexual entre hombres y mujeres (incluso si están casados con otras personas) durante la Víspera de Mayo. Durante esa noche nadie tenía derecho a juzgarlos o castigarlos, y cualquier hijo que resultase de dicha unión se consideraba legítimo como uno de los «hijos de la floresta».

CELEBRACIONES DE BELTANE

★ Decore el círculo con espinos, endrinos, hojas de roble americano o de agua.
★ Los colores adecuados son el verde y el blanco.
★ Juegue a las prendas.
★ Elija una reina de Mayo.

SOLSTICIO DE VERANO

Nombres alternativos. Día de San Juan, Coamhain, Litha

El solsticio de verano celebra el día más largo del año y está señalado por la batalla entre el Rey Acebo (la luz) y el Rey Roble (la oscuridad), en la que el primero sale victorioso. Era de extrema importancia para los antiguos celtas, y muchos de los círculos de piedra, incluido el de Stonehenge (fotografía de arriba) están alineados con la salida del sol en el solsticio de verano. Se cree que en la noche de este solsticio, las puertas entre este mundo y el país de las hadas están abiertas y los habitantes de este pueden entrar y salir a su voluntad. Deles la bienvenida si lo desea, pero tenga cuidado pues se han labrado una buena reputación por sus fechorías. Haga lo que haga, no coma de sus alimentos, pues se cuenta que aquel que se alimente de sus víveres se convertirá en su sirviente para siempre.

CELEBRACIONES DEL SOLSTICIO DE VERANO

★ Adorne el círculo con imágenes solares, girasoles, flores veraniegas de aromas dulces y hierbas.
★ Los colores adecuados son el dorado y el amarillo.
★ Lleve coronas y collares de margaritas entrelazadas.
★ Represente la batalla entre el Rey Acebo y el Rey Roble (el Rey Acebo gana).

RITO DEL SOLSTICIO DE VERANO

Mirando al norte, dibuje en el aire el pentáculo de invocación de la tierra y recite:

Arriba. En la noche del solsticio de verano, las hadas pueden entrar en el reino de la tierra a su voluntad.

¡Oh, Señor de los cielos
y dador de la luz!
¡Oh, tú que eres conocido con los nombres
de Lugh, Balin y Cernunnos!
¡Te pedimos que atiendas esta celebración
para tu gloria
en este, tu día de fuerza,
que no pasemos hambre,
que no pasemos sed.
que tengamos refugio contra el frío
y salud durante los meses oscuros!
¡Oh, señor del disco solar,
nutre nuestras almas,
y a medida que los días se vuelvan oscuros
mantén tu promesa de retorno!

En agradecimiento por la bendición del Dios, prometa hacer algo por la tierra, por ejemplo, reciclar los desperdicios o limpiar las papeleras de su barrio o pueblo.

LUGHNASADH

Nombre alternativo: Lammas

El nombre de este festival (pronúnciese luniusú) proviene de la festividad druida de Lugh, el dios sol de los celtas. En algunas tradiciones antiguas, esta es la fiesta en la que el dios sol muere, usualmente con algún tipo de ritual de sacrificio. Para conmemorarlo, los antiguos pobladores de Britania e Irlanda celebraban procesiones, fiestas y juegos de atletismo en su honor. Esto adquiere más sentido si lo contemplamos como el inicio de la caza de Lugh, una cacería que terminará con la herida fatal que señalará su muerte en el equinoccio de otoño y con el fin de la cosecha. Tradicionalmente la primera siega era la fiesta del pan.

RITO DE LUGHNASADH

Bendiga una hogaza de pan (preferiblemente hecho en casa) de la misma forma en la que lo haría con las pastas del *sabbat* y colóquela en el centro del círculo. Sostenga una espiga de trigo o una mazorca de maíz en la mano, y recite:

¡He aquí la siega del trigo!
¡He aquí la primera hogaza de pan horneada!
Este es el pan de la vida.
Esta es la semilla de la vida.
Demos gracias por el inicio de la cosecha
y recemos para que haya comida para todos.

Parta el pan en trozos y sostenga en una mano la espiga y en la otra un trozo de pan. Medite sobre el proceso que ha transformado uno en el otro. Cuando haya terminado, cómase el pan, guardando un trozo para desmigarlo fuera como ofrenda a la tierra.

CELEBRACIONES DE LUGHNASADH

★ Fabrique muñecas con espigas de trigo y coma alimentos basados en el pan como las *pizzas*.
★ Adorne el círculo con las espigas de plantas gramíneas, como trigo, avena o cebada.
★ Los colores adecuados son el naranja y el amarillo miel.
★ Recoja semillas de flores y almacénelas en botes pequeños de barro, o vuélvalas a plantar en tierra después de la ceremonia.
★ Practique juegos de equipo en honor a los juegos de Lugh.

Derecha. En la Antigüedad los druidas celtas celebraban Lughnasadh para honrar a Lugh, su dios sol.

EQUINOCCIO DE OTOÑO

Nombre alternativo: Mabon
El equinoccio de otoño señala el fin de la cacería de Lugh, que se esconde en la última mies de trigo hasta que esta última también es segada. Sin embargo, su espíritu sigue vivo, oculto en la semilla. En el equinoccio de otoño, los wiccanos dan gracias por todo lo recibido durante el año, tanto por la abundancia de la cosecha como por los logros personales, y hacen los preparativos para atravesar los días de oscuridad.

CELEBRACIONES DEL EQUINOCCIO DE OTOÑO

★ Adorne el círculo con los frutos de la cosecha, verduras y hojas caídas.
★ Sustituya el vino tinto sagrado por cerveza o sidra.
★ Los colores adecuados son el naranja y los bermejos.
★ Siéntese alrededor de una hoguera y ase dulces de malvavisco y castañas, mientras relata cuentos sobre la cosecha.

LOS MISTERIOS ELEUSINOS

En la antigua Grecia, esta era la época de los «misterios eleusinos», un complejo de rituales secreto y simbólico que atraía a miles de iniciados y peregrinos todos los años. Aunque el contenido de estos rituales nunca se ha transmitido, se conjetura que tenía algo que ver con la cosecha de grano y la semilla oculta en sus interior.

RITO DEL EQUINOCCIO DE OTOÑO

Coloque frutas y verduras de temporada en medio del círculo, y luego recite lo siguiente antes de deleitarse con la comida:

¡Oh, gran madre de la tierra!
¡Oh, señor de la caza y de los lugares salvajes!
Damos gracias esta noche por la abundancia
que hay ante nosotros, damos gracias
por las frutas de los árboles,
las plantas y las raíces de la tierra,
y por los animales del campo.
Damos gracias por la comida que hemos
tomado y por el agua clara y pura,
y por ser capaces de respirar cada mañana.
Damos gracias por un techo que nos protege,
y los cuatro fuertes muros y un hogar caliente.
Damos gracias por la familia que nos dio
la vida por los amigos que nos rodean con amor,
y por lo hijos que nos traen la esperanza.
Damos gracias por aquellos que nos enseñaron
y por aquellos que sacrificaron la vida
y la libertad por nosotros,
y por aquellos que nos inspiran
para ser mejores.
¡Por todo lo que es nuestra vida, damos
gracias, y lo que hemos recibido de los dioses,
lo devolveremos a aquellos que nos rodean!

SAMHAIN

Nombres alternativos: Halloween, la víspera de Todos los Santos

Samhain (pronúnciese sou-in) es quizá la festividad más asociada con los brujos y la magia. Señala el fin de un año y el inicio del siguiente. Las antiguas tribus celtas celebraban asambleas en esta fecha en las que las disputas se arreglaban y se concertaban los matrimonios. En un nivel sobrenatural, es el tiempo en el que el velo entre los mundos es de lo más fino y los espíritus y las entidades divinas son capaces de caminar sobre la tierra sin ser convocados. Se considera que en la noche de Samhain, el pueblo del país de las hadas y otros seres espirituales interfieren con los asuntos de los humanos causando estragos por todo el mundo. Dentro de la wicca, Samhain es una fecha para honrar a los antepasados con oraciones y festejos, y es también tiempo para la adivinación.

RITO DE SAMHAIN

Mirando al oeste
y de pie en el círculo,
recite:

¡Dios de los meses oscuros
y señor de los reinos lejanos!
Venimos a ti en esta noche de sombras
en busca de tu bendición,
levanta el velo entre los mundos,
y deja que nuestros antepasados
y seres queridos vengan en paz.
¡Déjales festejar y comunicar con nosotros,
antes de que vuelvan a las tierras del verano!
¡Oh, gran maestro, enséñanos el ciclo
de la muerte y el renacimiento, pues nosotros
no tenemos miedo de hacer el viaje!
¡Enséñanos qué amor hay más allá de la muerte!

Dibuje en el aire el pentáculo para invocar a la tierra (ver página 59) y luego cierre los ojos y recuerde a los que se han ido. Puede pensar en sus seres queridos o en aquellos que han preparado el camino para la wicca moderna.

Derecha. El cuento de Hansel y Gretel representa al tipo de bruja popularmente asociado con Halloween. Este hecho dista mucho de ser cierto.

CELEBRACIONES DE SAMHAIN

★ Coloque recuerdos de los seres queridos que se han ido sobre el altar o en el oeste del círculo.
★ Los colores adecuados son el negro y el marrón.
★ Adorne el círculo con calabazas con caras esculpidas, cuente historias de fantasmas y coma tarta de calabaza.
★ Utilice el caldero lleno de agua con manzanas flotando para jugar a atraparlas con la boca.
★ Deje una copa de vino y una pasta de *sabbat* fuera de la puerta como un símbolo del banquete para los espíritus.

OTRAS CELEBRACIONES

Además de celebrar las estaciones del año, los wiccanos llevan a cabo rituales para honrar a la luna llena, los trabajos mágicos y señalar diferentes ritos de paso durante la vida. Dichos rituales forman parte a veces de las festividades de los *sabbats,* pero si se celebran otros días del año, la celebración en su totalidad recibe el nombre de *esbat.*

«ESBATS»

Los rituales que celebran la luna llena se llaman *esbats*. Hay trece lunas llenas al año y, en algunas tradiciones, cada una de ellas tiene su nombre propio, como la luna de la cosecha. En estas fechas se honra el aspecto lunar de la Diosa y se hace magia y adivinaciones. Sin embargo, los *esbats* no se limitan a la luna llena; el nombre también se usa para describir la celebración de cualquier ritual que no se haga en *sabbat*. Esto significa que si usted traza un círculo mágico o lanza un hechizo sea en luna creciente, menguante o en otra fase de la misma, a estos se les puede denominar *esbats*.

«WICCANING» O LA ELECCIÓN DEL NOMBRE

Este es el equivalente wiccano al bautismo y las diferentes tradiciones «bautizan» a los niños a edades diferentes. Por lo general, ningún niño se ve obligado a ser toda la vida un wiccano; simplemente se les pone bajo la protección del Dios y de la Diosa hasta que alcancen la edad en la que puedan por sí mismos seguir la senda espiritual que decidan. Durante la ceremonia, el niño es presentado ante el Dios y la Diosa, así como a los elementos y a las atalayas. Además, se nombrarán un número de guardianes (algo parecido a los padrinos) para proteger al niño. Durante o después de la ceremonia, el niño recibe algunos regalos para que le ayuden en su viaje a la madurez.

Izquierda. Un wiccano celebrando un ritual en el tolmo de Glastonbury, Inglaterra. Glastonbury es el emplazamiento mítico de Camelot. La ciudadela del Rey Arturo, y un sitio popular para las festividades mágicas.

RITOS DE PUBERTAD

Muchos pueblo indígenas observan el tránsito de sus hijos al estado adulto y esto se está haciendo cada vez más común dentro de la wicca. La forma del ritual debe ser de naturaleza ligera y fluida, más una celebración que una ceremonia. Puede señalar el primer periodo de la niña o el cumpleaños a los 13 ó 14 años para los niños (un poco como en la *bar mitzvah*). Sin embargo, hay que dejar bien claro un punto importante: por muy ansiosos que estén los padres, a ningún niño se le puede obligar a participar en dicha ceremonia. Hacerlo podría causarle resentimiento y daños psicológicos.

INICIACIÓN

La mayoría de las congregaciones celebran ceremonias de iniciación para dar la bienvenida a los recién llegados al sacerdocio de la wicca. Cada congregación tiene su propia versión de la ceremonia de iniciación. Sin embargo, si usted es un solitario, puede iniciarse a sí mismo celebrando un ritual como el que aquí se describe.

Prepare una botella con aceite para ungirse añadiendo tres gotas de aceite de canela a un poco de aceite de almendras. Colóquela en el altar junto con un trozo de hilo rojo. Necesitará también un cordón de iniciado (rojo si es mujer, azul si es hombre; ver página 38). Trace el círculo e invoque a los cuatro cuadrantes (ver páginas 50 a 59), arrodíllese ante el altar y recite:

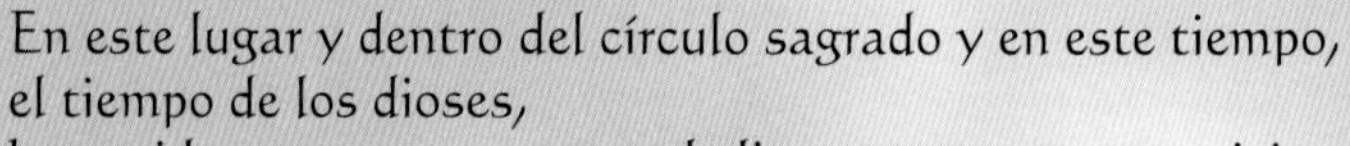

En este lugar y dentro del círculo sagrado y en este tiempo,
el tiempo de los dioses,
he venido ante vosotros para dedicarme a vuestro servicio.
¡Oh, tú el más antiguo Dios!
¡Oh, tú la generosa Diosa de la tierra y de los cielos!
Me reconozco como vuestro hijo, nuevamente despierto.
Reconozco mi propia divinidad y
la divinidad de toda la vida que me rodea
¡Guiad mi camino, enseñadme nuevos conocimientos!
¡Rodeadme con vuestro amor mientras doy mis primeros pasos
en vuestro nombre!
¡Dejad que sea bienvenido al calor de los fuegos de vuestro hogar,
en amor perfecto y en perfecta sinceridad! ¡Así sea el poder!

Úntese la zona del tercer ojo (en medio de la frente), recitando:

Bendecid mi mente para que siempre esté abierta a la verdad.

Luego, úntese sobre su corazón, recitando:

Bendecid mi corazón para que muestre siempre compasión
y amor por todo lo que le rodea.

Finalmente, úntese justo encima de la zona pubiana, recitando:

Bendecid mi cuerpo para que os sirva fielmente.

Siéntese tranquilamente en actitud contemplativa durante diez minutos más o menos; asegúrese que está cómodo y caliente (sería una buena idea poner una manta en el círculo antes de la ceremonia). Ya sentado en completo silencio, vacíe su mente lo más posible. Si nota que los pensamientos avanzan lentamente, apártelos con amabilidad y continúe. Después de un rato, sentirá una profunda sensación de paz y amor, o quizá reciba una visión. Si así fuese, recuérdela después del ritual para anotarla y consérvela en lugar seguro.

Cuando sienta que está preparado, salga lentamente del estado de meditación y arrodíllese de nuevo ante el altar. Es el momento de hacer su consagración. Tome el hilo y ate ocho nudos en el mismo, equidistantes a ser posible. Mientras los ata, recite lo siguiente:

El primer nudo es por el conocimiento.
El segundo nudo es por la verdad.
El tercer nudo es por la fuerza interior.
El cuarto nudo es por el amor.
El quinto nudo es por el honor.
El sexto nudo es por la veneración.
El séptimo nudo es por la voluntad mágica.
El octavo nudo es por la consagración al servicio de los antiguos.
Todas estas cosas traigo al arte mágico y
dedico mi voluntad a promover el conocimiento.
Prometo ponerme al servicio de los demás.
Ocho palabras componen la Rede de la wicca:
hagas lo que hagas, no dañes a nadie.

Brinde a la salud del Dios y de la Diosa, y anude luego el cordón de iniciación a su cintura. Si lo desea, siéntese meditando tranquilamente un rato más y cierre después el círculo (ver páginas 68 y 69). Guarde en lugar seguro el hilo anudado, quizá atado al cordón que rodea su cintura, hasta que sienta que los efectos del ritual de iniciación han empezado a manifestarse en su interior.

ESPONSALES

Esponsales es el término que se usa para el matrimonio pagano o wiccano. En los Estados Unidos de América, los esponsales están reconocidos legalmente siempre y cuando se presenten los papeles necesarios, tales como la licencia matrimonial o los análisis de sangre. En otros países, como Gran Bretaña, no está reconocido.

Los esponsales los celebran generalmente una suma sacerdotisa o un sumo sacerdote, o los dos juntos a la vez. Algunos anuncian sus servicios en las publicaciones paganas o de la Nueva Era, así que incluso los solitarios pueden ser capaces de contraer sus propios esponsales si así lo desean. La mayoría de los mismos son hermosas ocasiones con intercambio de votos y el entrechocar de manos entre el novio y la novia atados con un cordón de plata que simboliza su unión. Después hay un banquete y mucha alegría. Los esponsales se celebran generalmente en Beltane, pero pueden hacerse la mayor parte del año. La excepción comprende el periodo de tiempo entre Samhain e Imbolc, cuando las energías no están en línea con dichas ceremonias. Los esponsales se ven como un nuevo comienzo, así que lo mejor es celebrarlos durante la luna llena o creciente.

FUNERALES

Como los funerales civiles pueden arreglarse sin insinuaciones religiosas ortodoxas, la mayoría de los wiccanos se contenta con ellos. Sin embargo, las cosas están empezando a cambiar en este campo y los sacerdotes y sacerdotisas wiccanos celebran este tipo de ceremonias. También los métodos de enterramiento se están volviendo más conscientes con respecto al medio ambiente. El tema de la «travesía» wiccana es grande y está bien explicado por aquellos que lo han estudiado con detenimiento. El *Libro pagano de los vivos y los muertos* de Starhawk cubre la mayoría de los aspectos relativos a la muerte y el duelo.

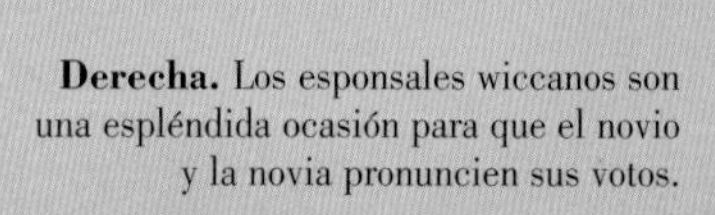

Derecha. Los esponsales wiccanos son una espléndida ocasión para que el novio y la novia pronuncien sus votos.

LOS HECHIZOS

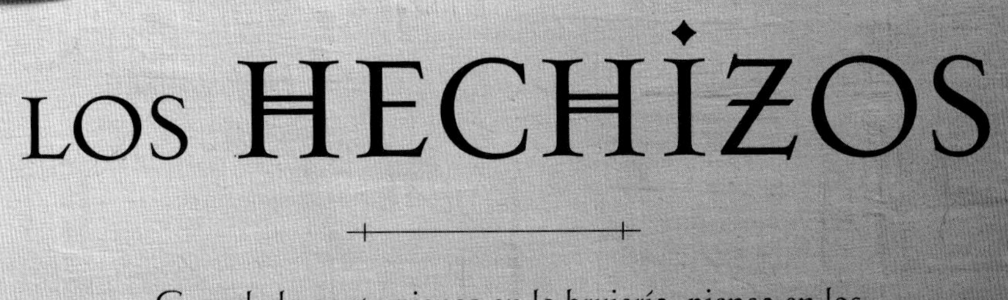

Cuando la gente piensa en la brujería, piensa en los hechizos. Los wiccanos los usan para ayudar y curar, nunca para herir. En este capítulo usted encontrará unas pocas y sencillas formas de poner un poco de magia en su vida; cuando tenga más experiencia y confianza, podrá idear sus propios hechizos

EL PODER DE LOS HECHIZOS

Los hechizos usan el poder de la voluntad creando las circunstancias adecuadas para lo que usted desee que suceda. La herramienta más importante para esto es su imaginación. Necesitará visualizar el efecto deseado y poner toda su voluntad en dicha visualización (ver páginas 46 y 47). Así, esta energía creará un canal para que el sortilegio tenga efecto.

Arriba y a la derecha: El *Libro de sombras* describe los hechizos, rituales y los utensilios usados para ejecutarlos.

Habitualmente lanzar hechizos requiere ciertos útiles de trabajo como velas, hierbas, etc. Estos no lanzan los hechizos, pero son la piedra angular que sostiene su voluntad, mientras añaden un poco de sus propias energías. Debe también tener presente que el universo no es un lugar inerte esperando que su hechizo progrese y fluya a través de él; el cosmos está vivo con otras energías y corrientes, y algunas de estas son más fuertes que las suyas y pueden actuar en dirección opuesta. Si este fuese el caso, se negaría el efecto de su magia y usted debería tratar de hacerla otra vez.

Los hechizos pueden lanzarse como partes de rituales mayores, o simplemente trazar el círculo mágico, invocar a los cuadrantes, rezar al Dios y la Diosa y consagrar los objetos que necesite para el hechizo. Luego realícelo y cierre el círculo (ver *El círculo mágico*, páginas 40 a 69).

ÉTICA Y HECHIZOS

Los wiccanos no usan la magia para herir a los demás, y existe además una tradición que sostiene que el hechizo volverá contra el que lo envía multiplicado su poder por tres. Incluso los aparentemente hechizos «buenos» pueden no ser éticos. Por ejemplo, nunca deberá lanzar un sortilegio de amor para encantar a una persona concreta, pues estará utilizando la magia para influir en contra de la voluntad de dicha persona. Es mejor lanzar un hechizo para encontrar la persona adecuada para usted, sea quien sea. De la misma forma, nunca lanzará un sortilegio de curación sin consentimiento previo de la persona afectada, y es importante además que se asegure que dicha persona continúa con el tratamiento médico adecuado. Recuerde que la mayoría de los hechizos necesita una forma de materializarse en este mundo, ya sea mediante la medicina (para curar), jugando a la lotería (para el dinero) o conociendo a gente (para encontrar el amor). La magia exige también un poco de trabajo práctico.

LISTA DE CORRESPONDENCIAS

Estas listas son una guía para conseguir las condiciones óptimas para lanzar los diferentes tipos de hechizos: el mejor día para celebrarlos, los aspectos más adecuados del Dios y de la Diosa que haya que invocar, etc. Sin embargo, recuerde que lo más importante para que un hechizo tenga éxito es su intención.

PROTECCIÓN

Elementos Todos, especialmente el fuego.
Colores Blanco, plateado.
Día Domingo.
Plantas Acacia, ajo, agrimonia, clavo, albahaca, avellana, laurel, acebo y cincoenrama.
Piedras Ámbar, piedras con cavidades naturales, hematites y fluorita amarilla.
Incienso Olíbano, romero.
Diosas Artemisa, Sekhmet e Isis.
Dioses Thor, Herne y Cernunnos.
Signo

CURACIÓN

Elementos Todos.
Colores Azul, naranja, blanco.
Día Domingo, lunes.
Plantas Hierbas que curen el cuerpo físico (consulte en un herbolario).
Piedras Cuarzo, esmeralda, jade.
Incienso Olíbano, eucalipto, madera de sándalo.
Diosas Hygeia, Isis, Cerridwen, Brighid.
Dioses Apolo, Esculapio, Diancecht.
Signos

AMOR

Elemento Agua.
Colores Rosa, rosados, naranjas.
Día Viernes.
Plantas Rosa, jazmín, lavanda, mirto, madreselva, verbena.
Piedras Cuarzo rosa, esmeralda.
Incienso Madera de sándalo, jazmín, de rosa, pachulí, almizcle.
Diosas Venus, Afrodita, Isis, Ishtar.
Dioses Eros, Cernunnos, Pan.
Signos

CREATIVIDAD

Elementos Todos.
Colores Todos, especialmente los amarillos y los naranjas.
Día Viernes.
Plantas Lavanda, valeriana, madreselva, verbena.
Piedras Citrino, amatista.
Incienso Limón, laurel.
Diosas Brighid, Atenea, Cerridwen.
Dioses Apolo, Hermes, Thot.
Signo

FUERZA

Elemento Tierra.
Colores Rojo.
Día Domingo, martes.
Plantas Hierba de San Juan, roble, laurel, poleo, plátano, cardo.
Piedras Restañasangre, ágata, granate, lapislázuli, ojo de gato.
Incienso Olíbano, laurel, canela, loto.
Diosas Macha, Scathach, Atenea.
Dioses Zeus, Hércules, el Dagda, Lugh.
Signo

ABUNDANCIA

Elemento Tierra.
Colores Verde, morado, dorado, plateado.
Día Jueves, domingo.
Plantas Albahaca, alforfón, malagueta, arroz, canela, menta, verbena, eneldo, romaza, trigo, vara de Jesé, sello de oro, hierba de las siete sangrías.
Piedras Venturina, jade verde, granate.
Incienso Cedro, menta, verbena.
Diosas Deméter, Cerridwen, Hera, Danu.
Dioses El Dagda, Cernunnos, Zeus.
Signo

FERTILIDAD

Elementos Tierra, agua.
Colores Verde, rojo.
Día Lunes, domingo.
Plantas Arroz, gramíneas, higuera, geranio, vid, girasol, amapola, granado, espino, muérdago.
Piedras Perla, malaquita, esmeralda.
Incienso Pachulí, almizcle, verbena, pino.
Diosas Isis, Astarté, Ishtar, Rhiannon, Brighid, Deméter, Freya.
Dioses Pan, Osiris, Cernunnos, Zeus.
Signo

DESVANECIMIENTO

Elemento Tierra.
Colores Negro.
Día Sábado.
Plantas Abedul, ajo, árbol del incienso, saúco, enebro, romero, ruda, milenrama, gordolobo.
Piedras Todas las piedras negras.
Incienso Olíbano, romero.
Diosas Macha, Scathach, Sekhmet.
Dioses Herne, el Dagda, Cernunnos, Thor.
Signo

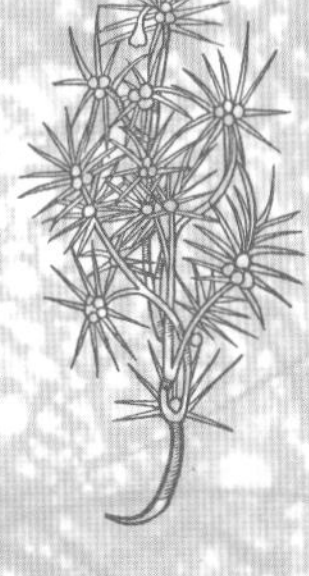

LA VELA MÁGICA

La vela mágica es uno de los métodos más comunes de lanzar un hechizo y está basado en la visualización y la concentración para hacerlo. Las velas se eligen y consagran como símbolos de lo que usted busca. En otras palabras, se convertirán en los representantes de sus deseos al hacer de las velas mágicas una forma de magia simpática.

CÓMO PREPARAR Y VESTIR LAS VELAS

Inscriba en las velas los signos que considere apropiados con el cuchillo de mango blanco. Si el hechizo exigiese que usted la «vistiese» untándola con algún aceite, póngase una pizca del mismo en el dedo corazón, y recorra con este dedo la vela empezando desde la mitad hacia arriba, y luego desde el medio hacia abajo, concentrando su voluntad en el objetivo de su hechizo todo el tiempo.

LA VELA MÁGICA PARA ALIVIAR LAS PENAS

Mucha gente encuentra consuelo encendiendo una vela durante los tiempos dolorosos de sus vidas, por ejemplo cuando pierde a uno de sus seres queridos. De acuerdo con las creencias wiccanas, la muerte solo es una partida temporal, y usted se volverá a encontrar con su ser querido de nuevo en las tierras del verano.

Prepare un altar personal ante el cual pueda usted estar a solas y sin que le molesten. Coloque un retrato de la persona amada en el altar, junto con algunas flores y una imagen del Dios o de la Diosa o ambas, y la vela. No necesitará consagrar o vestir las vela a menos que realmente lo desee, ni tendrá que trazar un círculo mágico.

Cuandoquiera que usted necesite consuelo (y nunca hay límite de tiempo para esto), vaya al altar, encienda la vela y siéntese tranquilamente observando la llama. Después de un rato, quizá quiera comunicarse con el ser querido, o rezar al Dios o la Diosa para agradecerles un tránsito y descanso seguro en las tierras del verano. No se amedrente por llorar o sentirse enfadado: todo forma parte del proceso de curación. Con el tiempo usted necesitará cada vez menos la vela, pero por supuesto tendrá que encender muchas antes de que el puro dolor desaparezca.

NECESITARÁ

Una fotografía de la persona amada.

Flores.

Una imagen del Dios o de la Diosa, o ambas.

Una vela azul o blanca.

LA VELA MÁGICA PARA ATRAER EL AMOR

Este sortilegio pretende crear la atmósfera mágica adecuada para que usted se encuentre con la persona que busca. Deberá ser realizado todos los días durante un par de semanas, empezando un viernes tan próximo a la luna nueva como sea posible.

NECESITARÁ

2 ó 3 gotas de esencia de rosa.

1 cucharada de aceite de almendras (15 ml).

2 velas rojas o rosas.

2 candeleros.

Cintas rojas o rosas.

Añada esencia de rosas al aceite de almendras y vista la vela con el mismo. Mientras lo hace con la primera vela, visualícese usted mismo alegre y enamorado con la persona con la que ha de encontrarse, recitando:

Unjo esta vela y la nombro para mí
y me representará en todos los asuntos del corazón.

Tome la otra vela y vístala, visualizando la persona desconocida que posea todo el amor y deseo posibles que busca en una pareja. Recite:

A esta vela le doy un nombre para la persona
que sea mi futuro y el deseo de mi corazón.
La representará en todos los asuntos del corazón.

Coloque las velas en los candeleros y sitúelos en el altar separados 35 cm (14 pulgadas). Anude los extremos de cada cinta en la base de cada candelabro. Encienda las mechas y, mientras arden, visualícese a sí mismo reuniéndose con la otra persona, convirtiéndose en su amigo y posiblemente en amantes. Más o menos después de pasados diez minutos, mueva las velas hasta que estén a 2,5 cm (1 pulgada) una de la otra. Haga esto girándolos lentamente, de tal manera que la cinta se enrolle en los candeleros a medida que se acercan. Mientras lo hace, recite:

Así como las llamas se acercan y unen, así el amor entre los dos arderá.

Apague las velas. Todas las noches hasta la luna llena, trace un pequeño círculo de protección a su alrededor y visualice de nuevo. Acerque todas las noches las velas un poco enredando cada vez más la cinta (asegúrese que la cinta no está cerca de las llamas de las velas). En la noche de luna llena, junte las velas hasta que se toquen. Repita las palabras y la visualización, pero esta vez quite la cinta antes de encender la mecha, y deje que las velas se consuman totalmente. Guarde la cinta y la cera de la vela sobrante en un lugar especial, como una caja de hechizos o bajo la almohada, hasta conseguir el sus propósitos.

LA VELA MÁGICA PARA CREAR RIQUEZA

Lance este sortilegio para aumentar su prosperidad, pero tenga en cuenta que debe crear un medio para que usted pueda alcanzarla, tal como jugar a la lotería o participar en un juego. Si fuese posible, realice este hechizo un día de luna llena.

NECESITARÁ

Sal.

3 gotas de esencia de aceite de menta.

1 cucharada de aceite de almendras.

1 vela dorada.

2 velas verdes.

2 velas rosas o púrpura.

5 candeleros.

Unas 40 monedas.

Un paño verde.

Trace un círculo con sal en el suelo y un pentáculo dentro del mismo de forma que las puntas de la estrella toquen la circunferencia. Mezcle aceite de menta y almendras y úselo para vestir las velas. Mientras lo hace, visualice que recibe dinero, quizá en forma de un cheque de mucho valor que viene por correo. Ponga las velas en los candeleros y coloque estos en las puntas del pentáculo. La vela de oro en la cima, las velas verdes flanqueando a la dorada, y las púrpura o rosa en la base. Coloque cuidadosamente una moneda debajo de los candeleros, asegurándose que estos permanezcan estables y que no se tambaleen cuando encienda las velas. Entre la velas disponga el resto de las monedas a lo largo de los brazos del pentáculo. La forma de este es significativa ya que es el símbolo de la tierra, el cemento de las riquezas materiales. Mantenga la visualización de recibir dinero mientras realice lo anterior.

Cuando esté preparado y el dibujo del objetivo esté grabado fuertemente en su mente, encienda las velas y recite:

¡Oh, gran Dios; oh, amada Diosa!
Enciendo estas velas para que me aporten riqueza.
No la pido por avaricia, sino por necesidad.
Os pido que me concedáis lo que deseo.
os pido que me bendigáis con lo que necesito.

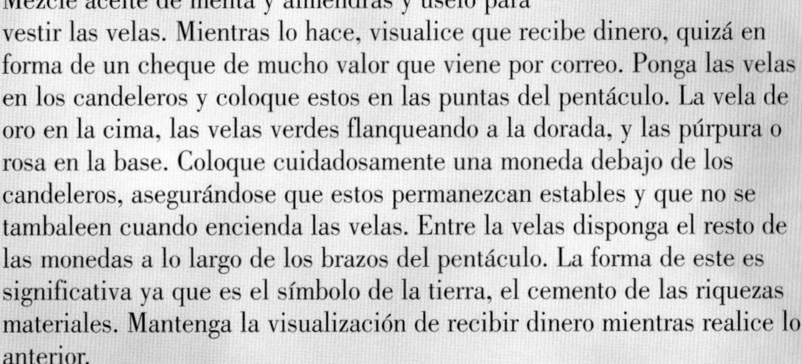

Pase otros diez minutos en contemplación, y luego deje que las velas ardan hasta su extinción completa. Cuando todo termine, reúna la cera que quede y las monedas, envuélvalas con un paño verde y entiérrelas.

TALISMANES Y RUNAS

Los talismanes son hechizos que han sido lanzados a un objeto y que usted podrá llevar consigo para obtener el máximo efecto del sortilegio. La magia rúnica utiliza los símbolos de lenguas antiguas y tradiciones mágicas de forma que el hechizo pueda ser escrito. Los talismanes rúnicos se pueden hacer adornando un objeto con las runas adecuadas.

LAS PIEDRAS TALISMÁN Y OTROS OBJETOS

Se puede hacer un simple talismán con una piedra concreta, consagrándola para sus propósitos (ver la lista de correspondencias en las páginas 100 y 101). Las piezas de joyería también sirven; el ojo de Horus es un símbolo de protección, el *ankh* o cruz egipcia es un símbolo de vida, y el pentáculo representa la protección física. La lista de símbolos es interminable, así que es mejor estudiar en profundidad los libros que atañen a este tema.

Otra opción es grabar el símbolo rúnico adecuado en una pieza de metal o de madera.

Arriba. Las primeras pruebas arqueológicas de escritura rúnica datan de la tercera centuria antes de Cristo. Detalle de un pequeño cofre anglosajón del siglo VII que muestra una escena de caza entre inscripciones rúnicas.

Izquierda. Talismanes populares pueden ser las piedras de las runas, cruces egipcias, pentáculos y ojos de Horus.

LAS RUNAS

FEOH Riqueza, propiedades, ganancias financieras, posición social, seguridad.

HAGAL Precaución, sorpresas, disolución.

TIR Victoria mediante la fuerza y el heroísmo, pasión.

UR Fortaleza o habilidades físicas, masculinidad, determinación.

NYD Instinto de conservación, paciencia, apremio.

BEORG Crecimiento, fertilidad, inicios, buenas nuevas.

THORN Protección, defensa, precaución, paciencia.

IS Emociones frías, paciencia, parálisis.

EOW Viajes, cambios, visitantes, excitación.

AS Autoridad, conocimiento, creatividad, protección divina.

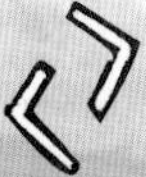
GER Renovación, abastecer con creces, crecimiento futuro, cambios graduales.

MAN Autoridad masculina, unidad, progreso estable.

RAD Cambio, movimiento, progreso, amistad.

EOH Flexibilidad, determinación, constancia, protección.

LAGU Intuición femenina, fertilidad, creatividad, productividad.

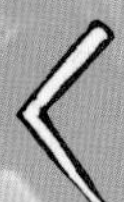
KEN Calidez, celebración, amor, éxito, regeneración.

PEORTH Misterio, lo desconocido, uniones psíquicas.

ING Fertilidad, familia, buenos resultados, buenas nuevas.

GYFU Buena fortuna, nuevas oportunidades, asociación.

EOLHS Creatividad, arte, cultura, aumento del talento.

DAEG Claridad, éxito, mejoras, movimiento hacia delante.

WYN Equilibrio, suerte, alegría, satisfacción.

SYGEL Totalidad, fuerza vital, descanso, recuperación.

ETHEL Herencia, el hogar, asuntos monetarios.

UN TALISMÁN PARA LA PROTECCIÓN PERSONAL

Este talismán se puede usar para proporcionar protección contra todo tipo de daños y contra cualquier malvada intención que alguien pueda tener hacia usted.

NECESITARÁ

Un espejo pequeño y redondo.

Una vela naranja.

Un candelero.

Un paño, preferiblemente blanco o plateado.

Coloque el espejo en el altar de manera que en él se refleje la luz de la vela. Apunte con su *athame* al espejo y recite:

¡Por esta hoja sagrada, te exhorto a la protección!
¡Rechaza todo mal, aparta todos los pensamiento negativos, ciega con luz a todos aquellos que podrían dañarme!
¡Que seas mi escudo, que seas mi protector de ahora en adelante!
¡En el nombre del Dios y de la Diosa, así sea el poder!

Cargue el espejo con la energía de su *athame* imaginando un rayo azul flotando desde el cuchillo hasta el espejo. Después de la ceremonia, envuélvalo en un paño y, si fuese posible, llévelo siempre con usted. Si no fuese el caso, colóquelo en el alféizar de una ventana enfrentándolo al mundo.

MAGIA RÚNICA PARA CONCEDER UN DESEO

Si escribe su deseo en un pedazo de papel, podrá animarlo a que se convierta en realidad. Utilice siempre tinta roja, pues esta es del color de la sangre y de la vida, y ayudará a dar vida al sortilegio.

NECESITARÁ

Un pedazo de papel corriente.

Una pluma con tinta roja.

Concentre su atención en el objetivo deseado, y escriba uno o más de los símbolos rúnicos que mejor representen sus deseos (ver página 109). Siéntese tranquilamente durante unos minutos enfrente de su altar y cargue el papel con el poder de los cuatro elementos. Para hacer esto, pase el papel por encima de la llama de la vela (sin quemarlo), y luego páselo a través del humo del incienso, rocíelo con agua salada, y por último colóquelo en el pentáculo recitando:

¡Por esta llama, cargo a este hechizo con la vida, para que mi voluntad arda a través del universo! ¡Por el aire, yo insuflo el poder en mis palabras, para que el viento las lleve hasta los confines de la eternidad! ¡Con el agua, doy nacimiento a mis deseos, para que fluyan en el mar de la sinceridad! ¡Por la tierra, mi deseo se materializará en este plano, para que así coseche lo que he sembrado!

Conserve el papel durante un mes, luego quémelo. Si su deseo no le es concedido en ese tiempo, no significa que no vaya a suceder.

BOLSAS DE AMULETOS

Estas son bolsas cosidas a mano y hechas con la tela del color adecuado y rellenas entre otras cosas con hierbas. Actúan de manera similar a los talismanes y debe llevarlos usted mismo o tenerlos guardados en sitio seguro.

AMULETO PARA OBTENER EL TRABAJO DESEADO

NECESITARÁ

Una tela verde o morada.

Una mezcla de hierbas.

Una moneda de plata o un objeto que represente el trabajo.

Lleve el amuleto con usted, especialmente durante las entrevistas de trabajo, para ayudarle a conseguir el empleo deseado. Cuando lo haya hecho, queme la bolsa aromática y acuérdese de dar gracias al Dios y la Diosa.

Fabrique una bolsita de tela y rellénela con hierbas como canela, madreselva y cincoenrama. Introduzca una moneda o un objeto que represente el trabajo en la bolsa, luego cosa la abertura de la bolsa o bien ciérrela con un cordón. Quizá desee también bordar una runa o un símbolo mágico en el saquito. Siéntese tranquilamente mientras sostiene la bolsa amuleto visualizando lo que desea, enviando energía dentro del sortilegio. Cuando lo haya hecho, pase el amuleto por encima de la llama de una de las velas del altar, recitando:

¡Oh, espíritu del fuego, te pido que
bendigas y consagres este sortilegio!
¡Préstame tu energía para que yo
pueda conseguir mi objetivo!

Pase el amuleto a través del humo del incienso en el altar, diciendo:

¡Oh, espíritu del aire, te pido que
bendigas y consagres este sortilegio!
¡Préstame tus poderes para que
vean que soy la persona idónea
para este trabajo!

Rocíe el amuleto con agua salada y recite:

¡Oh, espíritu del agua, te pido que
bendigas y consagres este sortilegio!
¡Préstame tus poderes para que se
pueda abrir un camino por el que
yo pueda llegar hasta este trabajo!

Coloque el amuleto sobre el pentáculo y recite:

¡Oh, elemento de la tierra, te
pido que bendigas y consagres
este sortilegio!
¡Préstame tus poderes para que
este trabajo sea mío. Este trabajo
será mío. Este trabajo será mío!

Siga repitiendo esta última frase mientras se concentra en el objetivo. Cuando sienta que ya es suficiente, diga tres veces:

Este trabajo ya es mío.

AMULETO PARA ATRAER EL AMOR

Celebre este ritual para crear una bolsa amuleto que le hará receptivo al amor. Guarde esta pequeña bolsa aromatizada con usted todo el tiempo, y por la noche colóquela debajo de la almohada, hasta que su verdadero amor aparezca.

NECESITARÁ

Una tela rosa, preferiblemente de satén o terciopelo.
7 tipos de hierbas.
Una cinta rosa.

Cosa una bolsa pequeña de tela rosa y reúna siete tipos de hierbas frescas o secas asociadas al amor como la rosa, el jazmín, la lavanda, el mirto, la madreselva, la verbena y el muérdago. Colóquelas sobre el pentáculo en el altar y recite:

Yo bendigo a estas hijas de la naturaleza que podrán ayudarme a encontrar a la persona cuyo corazón se anudará con el mío y cuya alma será hermana de la mía. ¡Que ellas me traigan a la persona a través de los amplios espacios para que los dos podamos ser un solo ojo, un solo corazón, un solo cuerpo y un solo espíritu! Este es mi deseo. ¡Así sea el poder!

Ponga las hierbas en la bolsa amuleto y ate esta con la cinta haciendo siete nudos (siete es el número asociado con el amor). Siéntese tranquilamente durante unos minutos y visualícese reuniéndose con la persona a la que amaría y que le podría devolver ese amor. Véase a sí mismo alegre y lleno de confianza. Cuando sienta que ya ha puesto energía suficiente en el hechizo, pase la bolsa por encima de la vela del altar, recitando:

¡Oh, fuego, bendice este hechizo y tráeme la pasión!

Pásela a través del humo del incienso y recite:

¡Oh, aire, bendice este hechizo y concédeme el arte de la empatía!

Rocíe la bolsa con agua salada y diga:

¡Oh, agua, bendice este hechizo y concédeme un amor tan profundo como el océano!

Coloque la bolsa en el pentáculo y recite:

¡Oh, tierra, bendice este hechizo y haz que nazca el amor!

Una vez que su deseo se cumpla, entierre la bolsa y plante una flor asociada con el amor encima del amuleto para que pueda ver cómo crece su amor.

LAS MUÑECAS

Una muñeca es un muñeco pequeño, hecho a mano y que representa a una persona viva. Para hacer una, dibuje la silueta de un monigote sobre una pieza de tela doblada, dejando sitio para las costuras. Ponga juntos los lados derechos de la tela y cósalos, dejando una pequeña abertura en un lado. Introduzca hierbas o algodón en rama y cosa la abertura. Si lo desea, puede bordar motivos en la muñeca. Esta también puede hacerse con cera o con arcilla; algunos wiccanos usan fotografías en su lugar.

UNA MUÑECA CURATIVA

NECESITARÁ

Una muñeca rellena de hierbas curativas (consulte a un buen herbolario).

Aunque puede usar una muñeca para representarse a sí mismo cuando está enfermo, lo más normal es utilizar este hechizo para otra persona. Sin embargo, debe recordar siempre que necesita el permiso de dicha persona antes de realizarlo.

Rocíe un poco de agua salada en la muñeca, mientras recita:

> ¡Oh, criatura de la magia, hecha con las manos, te lleno de vida! Ya no serás más materia, sino carne y sangre. Te nombro (nombre de la persona que va a curarse). Tú eres su representante en este mundo y en los otros.

Sostenga suavemente la muñeca e insúflele vida en ella mientras visualiza al mismo tiempo a la persona enferma curada de nuevo. Conserve esta imagen el mayor tiempo posible, enviando energía curativa a la muñeca. Cuando haya terminado, guarde la muñeca en sitio seguro sobre el altar en una caja de hechizos.

Cuando la curación haya sucedido y ya no se necesite a la muñeca, retírele los poderes rociándola con agua salada y recite:

> ¡Oh, criatura de la magia, hecha con las manos, ya has hecho tu trabajo! Me llevo tu nombre (nombre de la persona) y rompo la atadura. Ya no estás viva. Vuelves a ser otra vez materia, una cosa sin nombre. No tienes nombre. No tienes nombre y no tienes nombre.

Al final, sumerja la muñeca en agua salada para purificarla, deshágala y queme cuidadosamente los restos.

UNA MUÑECA DE ATADURA

Si una persona tiene intenciones hostiles contra usted, o esparce murmuraciones maliciosas sobre usted, quizá desee lanzarle un sortilegio de atadura para detenerlas y evitar que le hagan daño en el futuro. Este hechizo no dañará de ninguna manera al que lo reciba, pero detendrá las malévolas actitudes que tiene. Un hechizo de atadura solo debe ser lanzado si dicha persona es capaz de infligir un daño real.

NECESITARÁ

Una muñeca rellena de algodón en rama.

Un cordón negro.

Rocíe la muñeca con agua salada y recite:

¡Oh, criatura de la magia, hecha con las manos! Yo te insuflo
con la vida. Ya no eres más materia, sino carne y sangre.
Yo te nombro (nombre de la persona). Lo que tú veas ella lo verá;
lo que tú oigas, ella lo oirá; lo que tú sientas ella lo sentirá;
tú eres ella en este mundo y en los otros.

Insufle vida en la muñeca, visualizando a la persona. Tome el cordón negro y átelo lentamente alrededor de la muñeca. Si la persona esta difundiendo maledicencias, tal vez desee atarle la boca. Recite:

Escuchad mi voluntad, estás atada;
por el sol y por la luna, estás atada;
por las rocas y por las aguas, estás atada;
por el fuego, por el viento, estás atada;
para no hacer más daño.
No harás más daño,
no más daño,
no más daño,
no más daño.
Estás atada,
en el nombre del Dios y de la Diosa.

Al final de la ceremonia, saque la muñeca de la casa y entiérrela en dirección norte debajo de una piedra grande. Déjela allí el tiempo que quiera. Sin embargo, si la amenaza deja de existir y usted quiere destruir la muñeca, siga los pasos expuestos en el hechizo de curación de la página 116.

SORTILEGIOS COMUNES

Arriba. La Venus de Willendorf, talla de la Edad de Piedra representando a la madre tierra.

Aquí exponemos unos pocos sortilegios comunes que son fáciles de lanzar, y que no requieren que usted haga objetos especiales o encuentre los colores y símbolos adecuados, pero que son tan eficaces como los hechizos más complicados.

NECESITARÁ

Un guijarro de piedra grande negro o gris.

CÓMO LIBRARSE DE LA ANGUSTIA

La sencilla visualización de este hechizo utiliza el de poder del color negro para absorber las energías negativas.

Rocíe el guijarro con un poco de agua salada para purificarlo de previas influencias y siéntese después con él en las manos. Piense en lo que le

preocupa o le enoja, y sienta las emociones que fluyen de su cuerpo en el guijarro. Mírelo mientras este se llena con sus problemas, llevándose todos los sentimientos negativos fuera de usted. Después de terminar la ceremonia, cave un hoyo y arroje el guijarro dentro. O si lo prefiere, lleve el guijarro a un río o un lago y arrójelo lo más lejos posible que pueda en el agua.

NECESITARÁ

Una pedazo de papel sin usar.

Una pluma con tinta roja.

CÓMO LIBRARSE DE LA NEGATIVIDAD

Este sortilegio se celebra a menudo en Samhain, a finales del año celta, para que así pueda usted entrar en el nuevo año con una actitud mental más positiva.

Escriba sobre qué desea librarse de sí mismo. Sea claro y honrado. Queme el pedazo de papel, bien con una vela, bien en una hoguera, pero asegúrese de hacerlo de forma segura: el papel puede, a veces, arder más de lo que usted espera. Mientras se quema, visualice los malos hábitos que quiere abandonar por los buenos que usted preferiría y recite:

> ¡Oh, criatura del fuego, quema lo viejo y lo no querido, y trae lo nuevo, lo fresco, lo limpio y lo saludable a mi vida! Deja que entren en mí desde este instante.

HECHIZO PARA LA PROTECCIÓN DEL HOGAR

Sentirse a salvo dentro de su propia casa es vital para su salud y felicidad; lance este hechizo para conjurar un escudo protector que le ayude a mantener su hogar libre vibraciones negativas.

Visualice la casa rodeada por un círculo de rayos dorados o azules. Así ampliará su «círculo de trabajo» para poderse mover por toda la casa lanzando el sortilegio. Camine alrededor de la casa rociando con agua salada todas las aberturas como puertas, ventanas, chimeneas, etc. Recite ante cada una de ellas:

¡Con esta sal y esta agua, yo sello esta casa contra todo mal!

Luego lleve una vela por toda la casa recitando en todas las habitaciones lo siguiente:

¡Oh, espíritu del fuego, limpia toda la maldad de este sitio y bendice el hogar con tu calor para que los amigos siempre se reúnan!

Lleve el incienso por toda la casa, incensándolo en todas las esquinas.

¡Oh, espíritu del aire, expulsa todas las sucias energías de este lugar!

Finalmente, lleve el pentáculo por toda la casa recitando:

¡Oh, espíritu de la tierra, bendice esta casa con sólidos cimientos, paredes resistentes y techo para que proteja a todos los que vivimos dentro!

Si en algún momento sintiese la necesidad de fortalecer esta protección, visualice la casa rodeada otra vez por una luz dorada, un escudo psíquico que ningún mal puede atravesar. Si ha tenido visitas que han dejado a su paso energías negativas, purifique la casa caminando a su alrededor de nuevo con incienso, asegurándose que llena todas las habitaciones con su aroma. Luego abra las ventanas durante una hora aproximadamente.

GLOSARIO

ATALAYAS. Soberanos de las energías espirituales y de los cuadrantes que dan protección durante un ritual.

ATHAME. El cuchillo de mango negro que usan los brujos y las brujas para trazar los círculos y controlar a los espíritus.

CÁLIZ. Copa sagrada que simboliza el principio femenino y a la Diosa dentro del círculo. Representa al elemento agua.

CONGREGACIÓN. Un grupo establecido de brujos y brujas que se reúne regularmente para celebrar los rituales y festejar las estaciones del año. Dirigidos habitualmente por un sumo sacerdote o suma sacerdotisa.

CÍRCULO. Un espacio sagrado, construido y consagrado por el ritual, y en el cual se llevan a cabo los ritos, ceremonias y magias. Se considera que está «entre los mundos».

CUADRANTES. Los segmentos norte, sur, este y oeste de un círculo.

DEOSIL. El sentido de las manecillas del reloj o el del movimiento aparente del sol. La dirección de la mayoría de los movimientos que se producen dentro del círculo.

DIOS. El aspecto masculino de la creación, una fuerza divina presente en todos los ámbitos del universo. El Dios puede adoptar muchas formas y tener muchos nombres, pero está siempre en equilibrio y complementa a la Diosa.

DIOSA. El aspecto femenino de la creación, una fuerza divina que está presente en todos los ámbitos del universo. La Diosa puede adoptar muchas formas y tener muchos nombres, pero está siempre en equilibrio y complementa al Dios. A menudo, es vista bajo el triple aspecto de virgen, madre y anciana.

ELEMENTOS. Las fuerzas de la naturaleza: tierra, aire, agua y fuego.

DESCARGAR. La neutralización del exceso de energía mágica dejándola fluir dentro de la tierra.

EQUINOCCIOS. Fechas del año en las que las horas de luz son iguales a las de oscuridad. Suceden en primavera y otoño, celebradas en las fiestas wiccanas, conocidas como *sabbats*.

ESBATS. Las ceremonias que no coinciden en la época de los *sabbats*. Por lo general, aunque no necesariamente, las que se celebran las noches de luna llena.

ESPONSALES. El rito del matrimonio wiccano y pagano.

FIESTAS. Nombre genérico de los *sabbats*, las ocho ocasiones en las que se celebra la rueda del año.

GRADO. Nivel de iniciación dentro de ciertas tradiciones wicca, aprobado por los superiores de la congregación.

HECHIZO. Una forma de magia causada por la fuerza de la voluntad, en la que habitualmente se usan otros objetos como las velas.

INCENSARIO. El braserillo o cualquier otro utensilio donde pueda arder el incienso. Representa al elemento aire.

INICIACIÓN. La incorporación ritual a la wicca. Es obligatoria en algunas tradiciones, pero no en todas. La iniciación espiritual es algo completamente diferente y personal, y solo incumbe al individuo.

LA INVOCACIÓN. El cántico que entonan muchos practicantes de la wicca bajo el ritual de la luna.

LIBRO DE LAS SOMBRAS. El grimorio tradicional de un brujo que contiene todos sus rituales, hechizos y caminos de formación.

MUNDANO. Las cosas materiales y cotidianas, y que no son mágicas.

MUÑECA. Un muñeco pequeño hecho de tela y relleno de hierbas o algodón en rama, que se utiliza en los hechizos para representar a una persona.

PENTÁCULO. La estrella de cinco puntas que se ha convertido en la más asociada a la wicca y al paganismo. Representa los cuatro elementos dominados por un espíritu, así como el símbolo para el elemento tierra dentro del círculo. El objeto mágico en su totalidad y que simboliza al círculo se llama también pentáculo.

PUNTOS CARDINALES. Las cuatro orientaciones: Norte, Sur, Este y Oeste.

ROPAJES DEL CIELO, Los. Estar desnudo.

RUNA. Los símbolos mágicos, así como los cánticos que se entonan dentro del círculo para reunir el poder.

SABBATS. Las fiestas de las estaciones que señalan la rueda del año. Comprenden los dos equinoccios, los dos solsticios y cuatro festividades celtas.

SIGNO. Símbolo mágico.

SOLSTICIOS. Épocas del año en las que las horas de luz alcanzan su máximo durante el día (solsticio de verano) y en las que las horas de oscuridad alcanzan el máximo del día (solsticio de invierno). Son dos de los *sabbats* celebrados por los brujos y las brujas.

TALISMÁN. Un objeto que posee el poder de un hechizo. La mayoría están asociados con la seguridad, la suerte o el amor.

TIERRAS DEL VERANO, Las. El lugar al que vamos después de morir, para que nuestros espíritus puedan descansar antes de moverse a la siguiente vida.

VIEJA RELIGIÓN. Expresión acuñada por la escritora Margaret Murray para describir la wicca. Ella creía que podía rastrear el origen de la wicca moderna en relación directa con los primeros años de la Edad Media. Muchas de sus teorías han sido descartadas, pero el término sigue en uso.

WICCANING. Ceremonia para los niños, en la que se ruega al Dios y a la Diosa protección para ellos hasta que alcancen la madurez.

WIDDERSHINS. Moverse en el sentido contrario de las manecillas del reloj dentro del círculo (al revés del *deosil*). Habitualmente asociado a la magia caótica o proscrita, y que no se usa a menudo.

ÍNDICE

Los números en cursiva remiten a las ilustraciones

LECTURAS RECOMENDADAS

An ABC of Witchcraft, Doreen Valiente

The Book of Runes, Ralph Blum

Celtic Gods, Celtic Goddesses, R. J. Stewart

Complete Idiot's Guide to Wicca and Witchcraft, Dennise Zimmermann, Katherine Gleason

Cunningham's Encyclopaedia of Magical Herbs, Scott Cunningham

Diary of a Witch, Sybil Leek

Drawing Down the Moon, Margot Adler

Eight Sabbats for Witches, Stewart Farrar

The God of the Witches, Margaret Murray, Sampson Low (aunque muchas de las teorías de este libro han sido desechadas, su lectura todavía es conveniente)

The Greek Myths, Robert Graves

Lid Off the Cauldron, Patricia Crowther

Living Wicca: A Further Guide for the Solitary Practitioner, Scott Cunningham

Magical Rites from the Crystal Well, Ed Fitch

Moon Magic, Dion Fortune (una novela que ha influido mucho en las prácticas mágicas)

The Myth of the Godess: Evolution of an Image, Jules Cashford, Anne Baring

Natural Magic, Doreen Valiente

The Pagan Book of Living and Dying, Starhawk

Practical Candleburning Rituals, Raymond Buckland

The Practice of Witchcraft Today, Robin Skelton

The Sea Priestess, Dion Fortune (una novela esotérica que ha influido en más de un ritual)

The Spiral Dance: A rebirth of the Ancient Religion of the Great Goddess, Starhawk

The Tree, Raymond Buckland

What Witches Do, Stewart Farrar

Wicca: A Guide for the Solitary Practitioner, Scott Cunningham

Wicca: The Old Religion in the New Age, Vivianne Crawley

Witchcraft for Tomorrow, Doreen Valiente

A Witch's Grimoire of Ancient Omens, Portents, Talismans, Amulets, and Charms, Gavin Frost

The Witch's Magical Handbook, Gavin Frost, Yvonne Frost

The Witches's Way, Janet Farrar

AGRADECIMIENTOS

Quarto quiere agradecer y reconocer a las siguientes personas e instituciones que han proporcionado las ilustraciones reproducidas en este libro:

Clave: A = abajo; X = arriba; D = derecha; I = izquierda.

Ann Ronan Picture Library 6I, 13, 85, 120 XI. **Corel** 23, 28D, 79XD, 82/83. **Fortean Picture Library** 7I, 7XD, 16B (Kevin Carlyon), 17X (Kevin Carlyon), 25, 51 (Allen Kennedy), 83AI, 95 (Kevin Carlyon), 98I (Raymond Buckland), 108D. **Sally Griffyn** 7AD, 90. **Science Photo Library** 42AI. **Spectrum Colour Library** 81.